云南省首批人才工作示范备案项目
乡村CEO人才培养基地系列教材

乡村CEO
法律实务

李宇卫　张　权　总策划
梁隆乾　刘晓炜　主　编

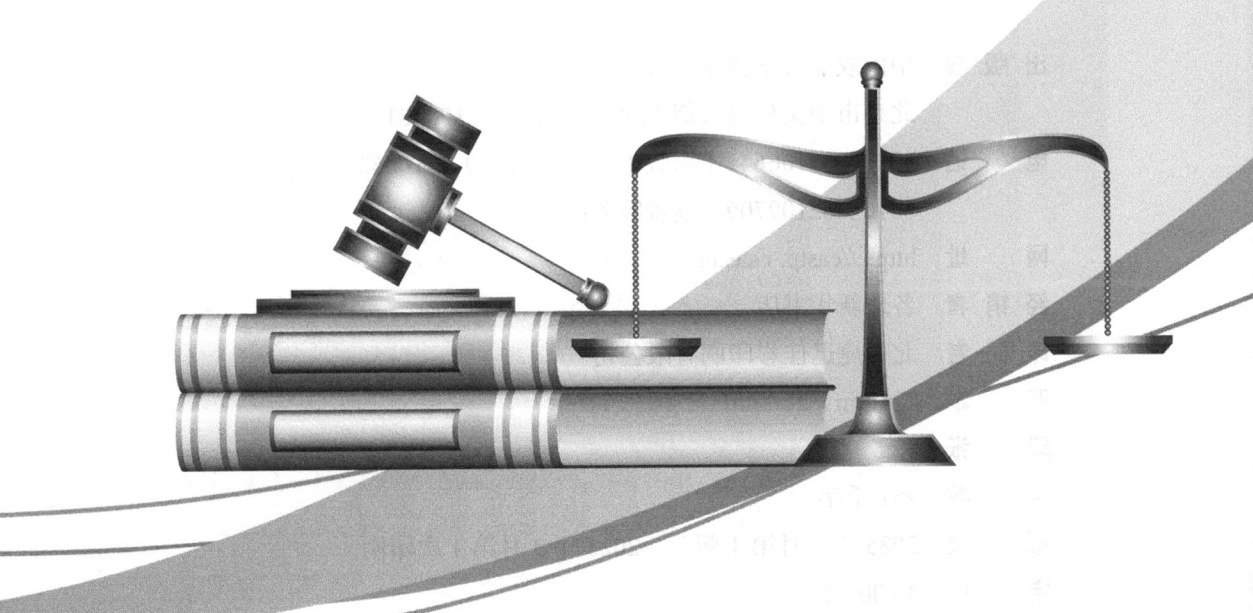

中国农业科学技术出版社

图书在版编目（CIP）数据

乡村 CEO 法律实务 / 梁隆乾，刘晓炜主编． -- 北京：中国农业科学技术出版社，2025.3． -- ISBN 978-7-5116-7331-2

Ⅰ．D920.4

中国国家版本馆 CIP 数据核字第 2025X64M53 号

责任编辑　费运巧　刁　毓
责任校对　马广洋
责任印制　姜义伟　王思文

出 版 者	中国农业科学技术出版社
	北京市中关村南大街 12 号　　邮编：100081
电　　话	（010）82106641（出版中心）　（010）82106624（发行部）
	（010）82109709（读者服务部）
网　　址	https://castp.caas.cn
经 销 者	各地新华书店
印 刷 者	北京捷迅佳彩印刷有限公司
开　　本	185mm×260mm　1/16
印　　张	12.5
字　　数	251 千字
版　　次	2025 年 3 月第 1 版　　2025 年 3 月第 1 次印刷
定　　价	38.00 元

版权所有·翻印必究

编者名单

总策划

李宇卫　张　权

主　编

梁隆乾　刘晓炜

副主编

关　优　谢天琳　陈　曦　刘　艳　许玉玲

序 一

乡村振兴需要自己的职业经理人

我从20世纪90年代开始从事乡村发展实践方面的工作，从培训农民使用先进的农业生产技术开始，在黄淮海平原的乡村组织农民培训。当时中国乡村发展面临的巨大挑战是人地关系紧张，乡村劳动力就业严重不足，"隐性失业"是主要问题。随着工业化和城镇化的持续发展，乡村劳动力不断转移，首先是青壮年男性劳动力外出，从而产生了留守妇女、留守儿童和留守老人。逐渐地，乡村女性也开始大规模外出务工，同时国家在教育等公共服务上逐渐取消了城乡割裂的政策，乡村儿童也逐步都随父母进城上学。乡村人口逐渐减少，2023年，我国常住人口城市化率达到了66.16%，而户籍人口城镇化率为48.3%，两者相差17.86个百分点，也就意味着大约有2.5亿乡村户籍人口居住在城市和城镇，虽然乡村人口的外流在一定程度上缓解了人地矛盾，为我国农业适度规模化经营和农业现代化创造了条件，但也不可避免地带来乡村空心化以及乡村人口的老龄化，目前我国乡村人口中老年人占比达到了23.8%，远高于城市的15.8%。这些变化使乡村振兴面临着人才严重匮乏的挑战。

2015年开始，我的团队在云南省勐腊县河边村开展农文旅融合的乡村新业态培育工作。河边村位于西双版纳自然保护区边缘，村庄周围都是热带雨林，村内的建筑都属于干栏式风格，村庄保留着非常传统的瑶族文化习俗，气候宜人，脱贫攻坚期间，在政府的易地搬迁项目和危房改造项目的支持下，我在河边村开展深度贫困脱贫路径探索时，就希望将其优质的生态资源、气候资源、文化资源能够转化成文旅资源，因此在农村住房建设项目中，优化农户住房的结构和功能，每家每户都能够改造出至少一间可以用来招待游客的客房。2018年，河边村建设工作结束，村庄到主干公路的道路修通了，村内实现了硬化道路通到各家各户，农户的房前屋后种上了本地花草果木，村里有了干净卫生的公共厕所，无线网络也联通了，还建了一个会议室，具备了接待游客的功能。我的团队也开始在村里组织各种学术讨论会，也引导了一些教育机构来村中开展冬令营活动，从而吸引了一些游客来村子里旅游、度假、研学、举办会议等，为村庄带来生机和活力。在这个过程中，我发现最难的不是建设乡村，而是经营乡村。因为乡村里缺乏具有管理技能和经营能力的人，乡村的优质资源无法转化成发展资源。我在前些年接受一些媒体采访时，就明确指出"乡村里缺乏具有管理技能和经营能力的人。这不仅是河边村面临的问题，而是很多乡村都有的普遍问题。在过去多年的脱贫攻坚实践中，政策对乡村产业的支持力度非常大，但当利用政府的支持，把产业发展起来后，却要面对普遍性的人才匮乏的问题，谁来帮助乡村经营这些产业就成为摆在大家面前的一个难题。"

后来，我带领团队在云南省昆明市、昭通市、曲靖市、临沧市、怒江傈僳族自治州开展乡村振兴示范村建设工作，政府的行政力量、专业团队的技术力量以及村民的建设能力能够很快完成村庄的建设，一些村庄不到一年的时间就变了模样，成为当地的样板村和示范村，但是进入运营阶段后，都面临着运营管理人才匮乏的问题。在多年的乡村振兴一线工作中发现，因乡村缺乏就业机会和收入提升机会，乡村人才不断向城市流动，乡村的孩子从小就被教育长大后要走出乡村，进入城市工作。"城市中心主义"的经济观和价值观取向是造成乡村人才匮乏的重要因素。乡村几乎留不下人才，很多时候，乡村成为一个人才的荒漠，这是现代化过程中给乡村留下的问题之一。我们发现，大部分富裕的乡村都有一个致富带头人，这个人可能是村干部，也可能是农民企业家。但大多数贫穷的村庄中，都没有这样的人，而这些村庄的发展，的的确确需要这样的人。

在云南的乡村振兴实践中，我们开始尝试培养乡村运营人才，也就是乡村职业经理人，也称为乡村CEO。一开始，我们在示范村面向全国招聘乡村职业经理人，报名的人很多，留下的人有很多还没有到试用期满就离开了，离开的原因并不是因为他们不愿意在乡村开展工作，而是他们中很多人发现运营乡村并不是一件容易的事情，这些人中不乏曾经在一些企业中已经做出一些成绩的，但到了乡村却出现了"水土不服"，不了解"三农"政策，不理解乡村社会结构和秩序，也难以设计出能够发挥乡村独特资源优势的产业；一些刚刚毕业的大学生虽然拥有一腔在乡村创业干事的热情，但是也因于没有相应的能力而打了退堂鼓……我们在示范村招聘的第一批乡村CEO，最后只有一个人留下来。在这个过程中，我发现乡村运营人才是需要去培养的。

2021年，中国农业大学国家乡村振兴研究院与腾讯公司可持续社会价值事业部联合发起的"中国农业大学－腾讯为村乡村CEO计划"应运而生，旨在通过为期一年的综合性系统培训，培养乡村职业经理人，对接都市动能，将城市圈的人流、资源和管理模式带到乡村，以公司运营的模式，打造会展经济、网红经济、打卡经济、周末经济和夜市经济，进而不断壮大村集体经济，从而探索解决欠发达地区乡村经营性人才匮乏问题的实践模式和路径，为乡村人才振兴提供经验和创新方案。通过创新的系统性的学习，计划通过一年综合性系统培训，全方位打造乡村经营管理的专业人才，该计划不仅包含了深入的理论学习，让学员们能够全面理解国家的乡村振兴战略和政策导向，还融合了实地考察和在岗实训环节，确保学员们能将所学知识与实践紧密结合，提升其解决实际乡村经营问题的能力。通过乡村 CEO 项目的实施，旨在培养出一批能够综合运用现代科技、管理知识和创新思维来解决乡村发展中遇到的各种问题的领导力量。目前，该项目已经完成了第一期和第二期的乡村 CEO 的培训，培养了 150 多名学员。这些学员经过系统学习，成长为具有一定的领导技能、综合运营技能、乡村创业技能的复合型乡村人才。他们已经成为乡村振兴中一支非常重要的新生力量，为乡村发展注入了新的活力。

乡村 CEO 人才的培养很快得到了很多地方政府的关注，并都向我们表达了培养人才的合作需求，我们的团队无法承担起日益增长的培训需求。于是，我们就开始思考如何让更多的机构参与这项工作。昭通学院、曲靖师范学院和云南农业大学成为我们第一批合作伙伴。我们通过和这三所地方院校的团队密切合作，并先后在昭通学院、曲靖师范学院建立了专门的乡村职业经理人培训机构，尤其是昭通学院成立了第一个"中国乡村 CEO 学院"。这种努力还得到了云南省委组织部的认可和支持，并将其列入省级人才示范项目。2022 年至今，昭通学院完成了多批次的面向昭通和云南的乡村 CEO 培养计划，在计划执行过程中，该学院的师资不仅参与到理论教学中，还参与到 CEO 学员的实践指导中，在实践中他们不断总结，形成了当前乡村运营人才的最迫切的技能需求，并组织编写了《乡村 CEO 职业素养》《乡村 CEO 沟通实务》《乡村 CEO 法律实务》《乡村企业市场营销》《乡村企业库存管理》和《乡村企业财务管理》等应用性、实操性强的系列图书，为乡村 CEO 人才的培养提供了有效的理论参考。

是为序。

李小云

2024 年 11 月

序二

为乡村经营播下一粒粒火种

近四年以来,我每年都有相当长的时间奔走在全国各地的乡村。在村里,和来自全国各地,甚至来自国际上的专家、学者、友人共同探讨腾讯助力乡村可持续发展的方法策略;在村里,了解年轻的乡村CEO、兴乡青年们参加培训、经营乡村的成效、方法,并给他们支招;在村里,与我的同事们、与当地的干部、与共创合作伙伴,共同讨论、推动共富乡村试点示范建设的探索实践。

这源于四年前,为落实"科技向善"的使命愿景,腾讯进行了第四次战略升级,将"推动可持续社会价值创新"纳入了公司的战略底座,并专门成立可持续社会价值事业部(SSV)进行助力重大社会议题解决的试点探索。我不但有幸参与这次战略升级的全过程,而且还负责了助力乡村发展的为村发展实验室。

说起"腾讯为村",并不是这次战略升级才有的;说起助力乡村发展,更不是这次战略升级才有的。那需要回溯到23年前,2002年,处于初创期的腾讯,为广东清远的一所山区小学捐献了电脑,就此拉开了腾讯与乡村的缘分。从一开始向乡村捐款捐物,到后来派人挂职,再到近年来探索可持续、可复制的创新解决方案,我们深刻认识到"授人以渔"之于乡村的重要性。一个人就是一粒火种,一粒粒火种播下去,就是星星之火,可以燎原。从乡村人才培育的角度切入助力乡村发展,不仅关乎一个村庄的发展是否可以激发出内生动力,也关乎到好的数字工具是否可以真正发挥出作用,还关乎到社会共创如何更好地助力乡村振兴的可持续性。

在2021年成立SSV之前,我们在培养和服务乡村治理人才方面已经有了较为完善的经验,并一直运营着"腾讯为村数字公益平台"(即现在的"村级服务平台"),但对乡村经营及乡村经营性人才的培养还是认知有限。就是在这个时候,我们非常荣幸地结识了中国农业大学李小云教授及其团队。经过多次的交流和云南实地调研,我们的共识越来越接近，越来越有共同为乡村发展去探索和实践的欲望。于是，我们决定一起开展一场"浪漫的实践"。2022年1月，"中国农业大学－腾讯为村乡村CEO培养计划"（简称乡村CEO计划）第一期正式启动。在当地政府的支持下，我们在全国招收了50多名学员，经过一年的试验探索，形成了国内首套乡村CEO系统化培养方案，也验证了我们的设想。我们统计了其中31名学员所在经营主体的收入，从学员参加培训前的550万元增加到了培训后的3 700万元。

乡村CEO计划一期给了我们很大的信心。在一期试验的基础上，我们就考虑要在一些地区搞在地化的试点。在地化的试点，不仅仅是培养，还得有招聘，我们提出了"培－聘"结合的地方制度化探索。也就是在这个时候，昭通、曲靖、昆明成为了试点地区，在2023年举办的乡村CEO计划二期的110名学员里，有60多名来自这三个地区，许多是在当地政府主导下为村庄招聘的乡村CEO，而且每个地区单独成班；也就是在这个时候，昭通学院、曲靖师范学院、云南农业大学加入了乡村CEO的培养网络。昭通学院率先成立了国内第一个培养乡村CEO的专门学院——中国乡村CEO学院，李小云教授被聘为院长，我有幸被聘为合作院长。在经历了乡村CEO计划二期的随班学习和参与教学管理后，学院的教职员工不但掌握了乡村CEO的系统化培养体系，还结合自身实际创新和丰富了更多的培养方法。在2024年的培养工作中，李小云教授和我，还有中国农业大学和腾讯公司，除了给予智力和数字化赋能上的支持，没有再直接参与到教学管理等具体工作中。不仅是在昭通，曲靖和昆明也都获得了较为扎实的制度化成果：曲靖师范学院成立了专门的乡村CEO培养学院，昆明市农委农村工作领导小组专门印发了《昆明市强村富民乡村CEO培育实施方案》。据云南乡村振兴微信公众号文章报道，在乡村CEO机制带动下，2023年，昆明市1 401个行政村村级集体经济总收入50.91亿元，村集体经营性收入34.9亿元，均列云南省第一位。"培－聘"结合的地方制度化，为乡村经营性人才在地化储备了养料，种下了更多的火种，也带动村集体经济焕发出新的活力。

乡村CEO生命力的迸发对激发乡村内生动力具有意义深远的创新价值，乡村CEO的招聘与培养也成为了各地推进乡村振兴的重要抓手。也就是在2023年，无论是在西部的云南、重庆、广西，还是在东部的浙江、广东，我们与越来越多的地方政府一起推动乡村经营性人才的培养，越来越多的村庄也聘上了乡村CEO。2024年，在农业农村部的指导下，中央农广校、中国农业大学、腾讯共同启动了面向全国的"万名乡村职业经理人培养计划"，首批选定在湖南、湖北、山东、陕西四省试点培训，将有更多的省出现乡村经营的火种。我们也注意到，除了我们直接参与的项目，越来越多的地方政府和社会力量也正在被催化、被感染，投入到了乡村CEO的培养中来，投入到乡村经营中来，乡村经营的生态正在蓬勃生长。截至2024年底，腾讯直接参与的乡村CEO培养项目，在各地政府的主导下覆盖到了17个省（自治区、直辖市）的309个县。

不仅在国内，乡村CEO培养的经验也正在成为中国减贫经验的组成部分，助力面向国际输出中国减贫经验、讲好中国减贫故事。2024年，作为中非合作论坛峰会的配套落地行动之一，中国农业大学、腾讯公司、坦桑尼亚姆祖比大学与乌干达马克雷雷大学商学院签署共建中非乡村青年创业促进研究院合作协议。作为研究院工作之一，"中国农业大学－腾讯为村非洲青年兴乡计划"在坦桑尼亚桑给巴尔和乌干达启动，首批20名非洲青年来到中国学习考察，作为火种将中国乡村经营的经验和案例带回非洲；中国农业大学和腾讯公司还共同发起了"乡村CEO英领计划"，首批15名中国乡村CEO赴日本学习，不仅是为了让乡村CEO拓展国际视野，更是为了持续引领探索乡村经营性人才培养的创新方案。

而从腾讯推动可持续社会价值创新的路径来看，我们不仅是提供了培训的部分资金支持；更为关键的是，腾讯的数字化链接能力正在为乡村CEO们链接知识、链接彼此、链接资源、链接市场带来了更多的可能。为了方便乡村CEO学习交流，我们上线了"共富乡村学堂"，目前注册用户超过了7万人，其中5万多人为培训项目的学员，人均学习时间达到了65分钟。学习平台大大降低了各地培训项目的成本、提高了培训效率、便捷了学员链接知识和链接彼此，从而激发内生动力和抱团发展。

我们看到，在数字化工具的加持下，不仅快速扩大了培训覆盖度，还让乡村CEO学员们带动村庄更加便捷地链接资源与市场。也就是说，那一粒粒火种正逐渐成为火苗，正在抱团发展，燃成一片、带动一片。乡村数字化经营作为特色培训模块广受学员们好评，特别是依托微信生态的视频号、微信小店等专项培训。例如，2024年12月至2025年3月开展的"乡村CEO秀云南"等直播实战培训，15场累计总场观达到42万人次；2024年12月至2025年2月开展的微信小店培训及实战活动，500名学员报名参加学习，开通近100个微信小店，上架1 000余款农产品，这些小店的总订单量达到48万多单。我经常会举乡村CEO计划一期学员黄金的例子，在学习过程中，他就联合班里的同学抱团发展，不但联合出资在成都和桂林成立了公司实体，还成立了"乡村CEO甄选"农产品电商服务平台，目前平台上就汇聚了全国乡村CEO学员所在110个村庄的600多款"土特产"，去年通过视频号直播、达人带货及微信小店等方式，实现了近160万元的营收。今年，他联合乡村CEO计划二期的几名学员，扎根在成都，正在探索多村抱团发展的乡村经营模式。还有一期学员廖志腾，在学习期间，就选择了和同样来自广西桂林龙胜的同学潘玉祥、潘德辉抱团发展，三人先共同在当地成立了自己的农文旅公司，通过微信视频号、微信小店、云认养小程序、云服务小程序等数字化工具逐渐从串起6村到串起15村，与超过20名乡村CEO人才抱团发展，创新当地"土特产"组合销售、农文旅业态线路化经营。而在重庆酉阳何家岩村，这个我们为了验证观察乡村CEO培养效果，探索总结出"机制+人才+数字化"内生型系统性共富乡村建设解决方案的第一个示范村，建设之初的2021年，村集体经济收入不到100万元，在乡村CEO团队与项目专班的共同努力下，村集体经济收入增加到2022年的479万元，2023年攀升至699万元，2024年突破了700万元。更为可喜的是，何家岩共富乡村模式已被当地政府主导复制到全县50个村。

为乡村经营播下一粒粒火种，任重道远，注定是一件难而正确、需抱有长期主义决心的事，需要更多培养机构具备专业的培养能力，需要各级政府及各类服务主体共同形成一个服务乡村CEO的生态圈。非常欣喜的是，云南昭通学院"中国乡村CEO学院"又快走、早走了一步，结合这两年的教学管理实践，组织编写了《乡村CEO职业素养》《乡村CEO沟通实务》《乡村CEO法律实务》《乡村企业市场营销》《乡村企业库存管理》和《乡村企业财务管理》等一套系列图书，相信这套丛书不仅对乡村CEO有极强的学习实操价值，并且对培训机构研究和借鉴乡村CEO培养具有很强的参考价值。

是为序。

2025年1月于北京

前 言

为了进一步促进乡村振兴，解决乡村经营管理人才的紧缺问题，2019年人力资源社会保障部等部门正式把乡村CEO作为一种新的职业，旨在把经理人概念引入乡村，成为农业职业经理人或乡村运营师，从而帮助乡村提升经济活力和经营管理水平。乡村CEO作为强农惠农富农的重要职业角色，主要是为农村集体经济服务。为了帮助乡村CEO更好地服务于农村集体经济，昭通学院中国乡村CEO学院在2024年7月举办了乡村CEO培训，笔者受邀在该培训班讲解了2024年6月28日颁布的《中华人民共和国农村集体经济组织法》。

乡村CEO的培训涉及广泛的课题，其中法律实务是一个重要的领域，所有的经营活动都离不开法律的支持。为此，根据昭通学院的安排，由云南隆云律师事务所律师梁隆乾、许玉玲，云南建广律师事务所律师刘晓炜、刘艳，昭通学院教师关优、谢天琳、陈曦共七人组成课题组，共同编写了《乡村CEO法律实务》，旨在提升乡村CEO的法律素养和技能。

《乡村CEO法律实务》围绕法律常识、农村集体经济组织历史沿革、合同法律实务、侵权法律实务、农村土地法律实务、人力资源法律实务、农业科技法律实务、涉农补贴法律实务、农村金融法律实务等九个方面介绍了相关知识，这些内容都与农村经济经营活动紧密相关。

《乡村CEO法律实务》的创新之处在于编写体例上区别于传统法律普及书籍，通过项目概述、任务导入、知识链接、参考案例、实践要点、拓展阅读、实用文书等模块，更直接地帮助乡村CEO学以致用。

由于编写时间仓促，书中难免有错漏之处，欢迎大家指正。同时，本教材在编写过程中得到了昭通学院教师李宇卫、张权的协助，也参阅了前人的研究成果，在此一并表示感谢。

乡村振兴是我国的国家战略，乡村现代化是国家现代化的重要组成部分。但我国乡村发展相对滞后，是实现国家现代化的短板，因而帮助乡村经济，特别是帮助乡村集体经济的发展，将是我们今后一段时期的重要使命，也是乡村CEO重点关注的领域。我们愿意与社会各界一起探索，共同奋斗，为我国乡村振兴和乡村现代化奉献自己的力量。

2024年10月5日

目 录

项目一　法律基础··1
　　任务一　法律常识··1
　　任务二　中国特色社会主义法治··9

项目二　农村集体经济组织历史沿革··16

项目三　合同法律实务···23
　　任务一　合同···23
　　任务二　买卖合同··34
　　任务三　租赁合同··37

项目四　侵权法律实务···40
　　任务一　侵权法律基础知识··40
　　任务二　农村常见侵权种类··49
　　任务三　侵权的应对与预防··60

项目五　农村土地法律实务···69
　　任务一　农业用地和建设用地···69
　　任务二　农村土地承包与流转···83
　　任务三　农村土地纠纷的预防与应对··91

项目六　人力资源法律实务···96
　　任务一　劳动关系··96

任务二　工伤事故 ... 105
　　任务三　劳动争议解决方式 ... 118

项目七　农业科技法律实务 ... **124**
　　任务一　农业科技与知识产权 ... 124
　　任务二　商标法律实务 ... 129
　　任务三　专利法律实务 ... 136
　　任务四　植物新品种法律实务 ... 142

项目八　政府补贴与项目申报法律实务 ... **147**
　　任务一　农业补贴与项目申报概述 ... 147
　　任务二　农业补贴实务 ... 151
　　任务三　农业项目申报实务 ... 156

项目九　农村金融法律实务 ... **162**
　　任务一　农村金融概述 ... 162
　　任务二　农村金融的法律问题与风险点 ... 171
　　任务三　农业金融的法律风险防范 ... 176

附录　乡村振兴常用法律集锦 ... **181**

项目一　法律基础

项目概述

现实生活中，有不少案例都是因当事者缺乏法律意识而酿成悲剧，让人唏嘘不已。因此，学习法律知识，具备法律意识，是开展一切法律活动的基础。

意识是人的心理活动。广义的意识是指人对客观世界的认识、感受、评价及反应。狭义的意识指人对外界和自身的觉察与关注程度。意识具有自觉性、目的性和能动性的特征。人的意识强弱，就是由对事务的关注程度与反应决定的。

法律意识，就是人们对于事务法律方面或法律领域的认识、感受、评价及反应，以及自身的觉察和关注程度。

学习法律，就是要提高、增强自己的法律意识。一个人只有具有相应的法律意识，在面对客观事务时才能自觉运用法律思维对事务进行法律层面的评估。在企业经营活动中，经营者的法律意识水平对企业经营活动显得更为重要。具有较强法律意识的经营者，能从企业制度设立、经营合规等各方面落实法律规范。

本项目通过让学员学习法律、法治等概念，以及加强对中国特色社会主义法治、中国式现代化的理解，帮助乡村CEO树立中国特色社会主义法律意识，从而在经营活动中始终能从法律层面思考问题、研究问题，用法律方式解决问题。

任务一　法律常识

任务导入

乡村CEO是农业职业经理人。虽然他们只是从事农业相关经营活动，但在经营活动中会涉及法律的方方面面。要树立法律意识，提高、增强法律意识，首先应该理解法律相关概念，了解基本的法律知识，这是筑牢法律意识的基础。

知识链接

一、法律概念

法律既是社会规则，也是行为规则，并具有国家意志。法律的概念可分为广义和狭义两种。

广义的法律是指由享有立法权的立法机关行使国家立法权，依照法定程序制定、修改并颁布，并由国家强制力保证实施的基本法律和普通法律总称。

狭义的法律是指由全国人民代表大会和全国人民代表大会常务委员会制定的规范性文件。如《中华人民共和国宪法》《中华人民共和国刑法》《中华人民共和国农村集体经济组织法》（以下简称《农村集体经济组织法》）。

二、关联概念

法规：法规的概念也有广义和狭义之分。广义的法规是指法律、法令、条例、规则、章程等法定文件的总称，是在法律框架下由国家机关制定的规范性文件。狭义的法规包括行政法规和地方性法规。"法规"一般用"条例""规定""办法"等称谓。

行政法规：由国务院根据宪法和法律制定，并由国务院总理签署国务院令公布。例如《医疗机构管理条例》《不动产登记暂行条例》等。

地方性法规：由省、自治区、直辖市以及较大的市（如省会）的人大及其常委会制定，并由大会主席团或常委会发布公告予以公布。例如《云南省道路运输条例》《云南省林地管理办法》等。

规章：规章包括部门规章、地方政府规章。规章由本部门首长或省长、自治区主席、市长签署命令予以公布。规章一般称"规定""办法"。

部门规章：国务院组成部门及具有行政管理职能的直属机构在它们的职权范围内，依据法律、法规制定的规范性文件。例如《排污许可管理办法》（生态环境部令第32号）。

地方政府规章：省、自治区、直辖市人民政府以及较大的市（如省会）的人民政府，在它们的职权范围内，依据法律、法规制定的规范性文件。例如《云南省物业管理规定》（云南省人民政府令第225号）。

规定：指预先制定规则，以作为行为的标准（如在合同、条约、契约、遗嘱、法律中），主要用于对专门问题提出带有约束性的要求和规范。规则、守则与规定类似。强调预先（即在行为发生之前）和法律效力，用于法律条文中。规定作动词时是指对事物的数量、质量、方式和方法等做出具有约束力的决定。

三、法律分类

法律分类就是从不同角度，以不同的标准对法律进行划分，其目的之一就是准确界定事件的法律关系。

（一）按社会历史形态划分

根据社会历史形态，法律可分为：奴隶制法、封建制法、资本主义法、社会主义法。

（二）现行常见的6种分类

1. 成文法和不成文法

这是根据创制方式和表达方式不同进行的分类。

成文法：又称为制定法，由国家有立法权的机构制定和公布，并以书名号法典形式出现。例如《中华人民共和国刑法》《中华人民共和国民法典》（以下简称《民法典》）。

不成文法：是指国家认可其法律效力，但又不具有成文法的形式，一般指习惯、判例。

2. 根本法和普通法

这是国家根据成文法法律地位、效力和制定程序的分类。

根本法：地位最高、制定程序最严格，例如《中华人民共和国宪法》。

普通法：除了根本法之外的法律，例如《中华人民共和国刑法》《民法典》。

3. 实体法和程序法

这是根据法的不同功能进行的分类。

实体法：内容主要是权利和义务。例如《民法典》。

程序法：跟流程相关的法律。例如《中华人民共和国民事诉讼法》《中华人民共和国刑事诉讼法》《中华人民共和国行政诉讼法》。

4. 一般法和特别法

这是根据法的适用范围不同进行的分类。

一般法：适用范围大，针对一般人、一般事、一般时间。例如《中华人民共和国劳动法》。

特别法：适用范围小，只针对特定人、特定事、特定区域或特定时间。例如《中华人民共和国劳动合同法》

适用顺序：优先使用特别法再用一般法。

5. 国内法和国际法

这是根据法的制定主体和调整对象的不同进行的分类。

国内法：制定主体在国内。例如《中华人民共和国刑法》《民法典》。

国际法：制定主体是参与国际关系的国家通过协议制定。例如《巴黎协定》。

6. 公法和私法

这是根据法所保护的利益不同进行的分类。

公法：国家机关与国家机关之间的关系、国家机关与老百姓之间的关系。例如《中华人民共和国行政复议法》。

私法：民与民之间的关系。例如《民法典》。

（三）我国法律分类

我国法律分为七大类：宪法及宪法相关法、民商法、行政法、经济法、社会法、刑法、诉讼与非诉讼程序法。

我国七大类法律，也称为七个法律部门。这是根据一定的标准和原则，按照法律规范自身的不同性质，调整社会关系的不同领域和不同方法等所划分的同类法律规范的总和。在现行法律规范中，由于调整的社会关系及其调整方法不同，可分为不同的法律部门，凡调整同一类社会关系的法律规范的总和，就构成一个独立的法律部门。

四、法律解释

法律解释是一门系统课程。学习、了解一些常见法律解释方法，有利于在遇到法律事件时对涉及的法律规定内涵进行准确分析，从而制定具体有效的应对方案。

法律解释是法律适用过程中，法律适用者针对所处理的法律事件，就法律的发现及适用所作的解释。法律解释也包括因法律规定存在漏洞而作的法律补充，也叫法律续造。故法律解释是指在法律事件处理过程中，为完成法律推理，形成法律决定而作的解释。

法律解释根据不同的划分方式，可以分为文义解释、体系解释、当然解释、反面解释、扩张解释与限缩解释、目的解释、历史解释、合宪性解释，以及有权解释、无权解释、立法解释、司法解释、学理解释和常义解释。

体系解释：是根据所解释的条文在法律文件中的位置，结合上下文的意旨对其进行解释的一种法律解释方法。

当然解释：是指以一种法律明文规定可以或者禁止的行为推定另一法律未作明文规定的同类行为在法律上是可以的或者是禁止的，并且依照法律目的，有更为充分的理由的一种解释方法。也就是通常说的举轻以明重。当然解释中出现的两种行为必须是同一性质的，可纳入同一属概念下的行为。

扩张解释与限缩解释：是性质相同、方向相反的两种解释方法。扩张解释是指条文文义过窄，不能表现立法意图，需要扩张其文义，以求正确体现立法意图，正确指导该条文的适用的一种解释方法。

目的解释：是依照立法目的对所要适用的法律所作的解释。目的解释在法律解释中占有重要的地位。它是法律解释的前提和归宿。在很大程度上决定着法律解释对象的选取和解释方法的运用。目的解释是一种解释方法，但同时也是法律解释应当遵循的原则。

合宪性解释：是根据宪法及上位法精神对所要适用的法律条文作解释。超出单个法律文件的类型化问题，在法律解释上则单列为合宪性解释。作合宪性解释首先要解决下位规范的法律类型归属。在现代法律中，因为社会生活的复杂性，上下位法的确定出现了复杂化趋势，并不像我们通常所理解的有一个非常清晰的部门法划分。

例如，基于《民法典》第一百四十二条第一款和第四百六十六条第一款规定，当事人对合同条款的理解有争议的，应当依据所使用的词句，结合相关条款、行为的性质和目的、习惯以及诚信原则，确定争议条款的含义。其中就涉及解释的内容，那么以不同的方式、方法进行解释，就可能得出不一样的结论，这也是我们日常经营活动中发生纠纷分歧的原因之一。

五、法律体系

法律体系，法学中有时也称为"法的体系"，是一个国家的全部现行法律，包括现行的国内法和被本国承认的国际法，分类组合为不同的法律部门而形成的有机联系的统一整体。

法律体系的形成不仅受经济发展的影响，也受人们的意志、主观能动性、意识形态、文化传统的影响。同时，法律体系与社会政治制度紧密关联，体现同一社会政治制度特点和阶级意志。

中国特色社会主义法律体系，是指适应我国社会主义初级阶段的基本国情，与社会主义的根本任务相一致，以宪法为统帅和根本依据，由部门齐全、结构严谨、内部协调、体系科学、调整有效的法律及其配套法规所构成，是保障我们国家沿着中国特色社会主义道路前进的各项法律制度的有机统一整体。这个体系由法律、行政法规、地方性法规 3 个层次，宪法及宪法相关法、民商法、行政法、经济法、社会法、刑法、诉讼与非诉讼程序法 7 个法律部门组成。

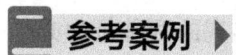 **参考案例**

案例 1

2021年的一天，某村一户村民办喜事，居住在城里的孙某夫妻带着9岁的女儿去村子参加婚宴。当日14时许，孙某夫妻在陪着朋友喝酒，9岁的女儿离开孙某去玩，并邀约了另外两个小伙伴来到村后面的水塘边，三个小孩起初坐在水塘边的草地上玩，其间，孙某女儿看见水塘里的小鱼便下水抓鱼，不慎跌入水塘内，另外一个小孩见状遂去找人施救，但孙某9岁的女儿因抢救无效溺水窒息死亡，孙某赶到现场时女儿已无生命体征。

事发后，孙某夫妻以该村没有对水塘尽到合理的管理义务提起诉讼。

本案经一审、二审，人民法院认为，小女孩在事故发生时系9岁的未成年人，属限制民事行为能力的未成年人，应当具备与之年龄相适应的安全防范意识，其父母对其具有法定监护责任，应对被监护人进行安全教育并限制其单独外出；小女孩在无人照看的情况下，自行走到池塘，导致不幸溺水身亡，对事故发生存在过失，而其父母作为监护人因疏于监护而未能及时发现并制止该危险行为系造成事故发生的主要原因。《民法典》第二十六条第一款规定，父母对未成年子女负有抚养、教育和保护的义务。孙某夫妻作为9岁女孩的监护人，应当在日常生活中加强对子女的安全教育和危险提醒，但孙某夫妻未尽到相应教育及保护义务，是造成此次溺亡事故的主要原因，对女儿的溺亡存在重大过错，应自负90%的主要责任。

本案孙某是疏忽大意，还是缺乏法律意识？

案例 2

被告人赵某（20岁）、钱某（26岁）于某月中旬，在一村庄树林内非法猎捕燕隼12只，当月下旬又非法猎捕燕隼4只，其中10只被赵某和钱某出售。公安机关还在赵某家中查获燕隼4只和凤头鹰1只，这些都是国家二级保护动物。赵某还从他人手中购买凤头鹰1只。

公诉机关指控赵某犯非法猎捕珍贵、濒危野生动物罪和非法收购珍贵、濒危野生动物罪，钱某犯非法猎捕珍贵、濒危野生动物罪。公诉机关提供了书证、鉴定意见书、证人证言、被告人供述等证据，认为被告人已构成非法猎捕珍贵、濒危野生动物罪和非法收购珍贵、濒危野生动物罪，提请人民法院依法判处。

辩护人的辩护意见是，被告人赵某不构成非法猎捕珍贵、濒危野生动物罪。理由是被告人在公安机关传讯时，其供述的是捕捉的系幼鸟，但是否是燕隼没有证据能够认证；另对鉴定意见有异议，目前没有鉴定机构能对该幼鸟进行物种鉴定，另鉴定机构并未实际查看鸟类，仅凭两张图片就做出了鉴定结果；另被告人赵某不知燕隼是国家二级保护动物，被告人赵某犯罪以后并未对鸟类进行虐待，该鸟已被移送到市人民公园，且被告人赵某为在校学生。

人民法院经审理认为：被告人赵某、钱某违反野生动物保护法规，明知是国家保护动物，而非法猎捕、出售国家重点保护的珍贵、濒危野生动物，其行为已构成非法猎捕珍贵、濒危野生动物罪。被告赵某违反野生动物保护法规，非法收购国家重点保护的珍贵、濒危野生动物，其行为已构成非法收购珍贵、濒危野生动物罪。公诉机关指控罪名成立。对被告人赵某的辩护人提出的辩护意见，因有公安机关扣押物品、文件清单等书证、国家林业和草原局森林公安司法鉴定中心的鉴定意见、勘验笔录及现场照片及被告人在公安机关的供述相互印证，故其辩解理由不足，法院不予采纳。最终，被告人均被判处十年以上有期徒刑和罚金。

赵某 20 岁，系在校学生，有没有一定的法律常识？

拓展阅读

党的二十大报告（节选）。

七、坚持全面依法治国，推进法治中国建设

全面依法治国是国家治理的一场深刻革命，关系党执政兴国，关系人民幸福安康，关系党和国家长治久安。必须更好发挥法治固根本、稳预期、利长远的保障作用，在法治轨道上全面建设社会主义现代化国家。

我们要坚持走中国特色社会主义法治道路，建设中国特色社会主义法治体系、建设社会主义法治国家，围绕保障和促进社会公平正义，坚持依法治国、依法执政、依法行政共同推进，坚持法治国家、法治政府、法治社会一体建设，全面推进科学立法、严格执法、公正司法、全民守法，全面推进国家各方面工作法治化。

（一）完善以宪法为核心的中国特色社会主义法律体系。坚持依法治国首先要

坚持依宪治国，坚持依法执政首先要坚持依宪执政，坚持宪法确定的中国共产党领导地位不动摇，坚持宪法确定的人民民主专政的国体和人民代表大会制度的政体不动摇。加强宪法实施和监督，健全保证宪法全面实施的制度体系，更好发挥宪法在治国理政中的重要作用，维护宪法权威。加强重点领域、新兴领域、涉外领域立法，统筹推进国内法治和涉外法治，以良法促进发展、保障善治。推进科学立法、民主立法、依法立法，统筹立改废释纂，增强立法系统性、整体性、协同性、时效性。完善和加强备案审查制度。坚持科学决策、民主决策、依法决策，全面落实重大决策程序制度。

（二）扎实推进依法行政。法治政府建设是全面依法治国的重点任务和主体工程。转变政府职能，优化政府职责体系和组织结构，推进机构、职能、权限、程序、责任法定化，提高行政效率和公信力。深化事业单位改革。深化行政执法体制改革，全面推进严格规范公正文明执法，加大关系群众切身利益的重点领域执法力度，完善行政执法程序，健全行政裁量基准。强化行政执法监督机制和能力建设，严格落实行政执法责任制和责任追究制度。完善基层综合执法体制机制。

（三）严格公正司法。公正司法是维护社会公平正义的最后一道防线。深化司法体制综合配套改革，全面准确落实司法责任制，加快建设公正高效权威的社会主义司法制度，努力让人民群众在每一个司法案件中感受到公平正义。规范司法权力运行，健全公安机关、检察机关、审判机关、司法行政机关各司其职、相互配合、相互制约的体制机制。强化对司法活动的制约监督，促进司法公正。加强检察机关法律监督工作。完善公益诉讼制度。

（四）加快建设法治社会。法治社会是构筑法治国家的基础。弘扬社会主义法治精神，传承中华优秀传统法律文化，引导全体人民做社会主义法治的忠实崇尚者、自觉遵守者、坚定捍卫者。建设覆盖城乡的现代公共法律服务体系，深入开展法治宣传教育，增强全民法治观念。推进多层次多领域依法治理，提升社会治理法治化水平。发挥领导干部示范带头作用，努力使尊法学法守法用法在全社会蔚然成风。

任务二　中国特色社会主义法治

任务导入

中国共产党第二十届中央委员会第三次全体会议通过的《中共中央关于进一步全面深化改革、推进中国式现代化的决定》指出，当前和今后一个时期是以中国式现代化全面推进强国建设、民族复兴伟业的关键时期。

乡村CEO，不但要全面认识和理解中国式现代化，还必须学习和领会中国特色社会主义法治相关内容，才能确保发展的方向是沿着推进乡村全面振兴、加快建设农业强国、促进共同富裕的道路上前进。

知识链接

一、中国式现代化

（一）现代化

现代化是人类社会从传统文明向现代文明转变的一个历史过程，是社会经济、政治、文化、科技、法律、医疗、农业和社会制度等多领域的高度复合的概念，是社会发展转型升级和文明进步多层次变化的概括性描述，是人民安居乐业、丰衣足食，国家繁荣昌盛、山河锦绣的一种发展进步状态。

世界现代化的演进过程：第一次现代化，从18世纪第一次工业革命开始到第二次工业革命，是从农业社会向工业社会的转变；第二次现代化，从20世纪60年代第三次信息技术革命开始，是工业社会向知识社会的转变，现代化在经济、社会、政治、文化、生态和人的现代化等方面实现了"质"的提升。

现代化国家是基于现代化指数的一种国家分类，是指国家现代化水平达到世界先进国家的水平。衡量现代化国家的标准有3个：一是定量指标，即现代化指数要达到或超过高收入国家平均值的80%；二是排名指标，即现代化指数、关键现代化指标的排名要进入世界前20位；三是定性指标，即经济、社会、政治、文化、生态、人的现代化6个领域都要达到世界先进水平。

据《中国现代化报告2020》统计，2017年现代化国家有20个，分别是丹麦、瑞士、瑞典、荷兰、美国、比利时、新加坡、德国、挪威、芬兰、爱尔兰、法国、英国、日本、奥地利、澳大利亚、韩国、以色列、加拿大和新西兰。

2023年，联合国公认的37个发达国家，在20个现代化国家基础上增加了17个，分别是冰岛、波兰、卢森堡、意大利、西班牙、葡萄牙、希腊、捷克、塞浦路斯、马耳他、斯洛文尼亚、斯洛伐克、爱沙尼亚、拉脱维亚、立陶宛、匈牙利、圣马力诺。

（二）中国式现代化

1954年召开的全国人大第一届第一次会议，提出要建设起强大的现代化的工业、现代化的农业、现代化的交通运输业和现代化的国防，这是我国第一次提出四个现代化的概念。1964年年底到1965年年初召开的全国人大第三届第一次会议，提出"四个现代化"的宏伟目标，是把我国建设成为一个具有现代农业、现代工业、现代国防和现代科学技术的社会主义强国。1978年党的十一届三中全会以后，将"四个现代化"的社会主义现代化建设目标发展成为建设"富强、民主、文明"的社会主义现代化建设目标。党的十八大进一步提出全面建成小康社会。

2021年，在庆祝中国共产党成立100周年大会上，习近平总书记代表党和人民庄严宣告，经过全党全国各族人民持续奋斗，我们实现了第一个百年奋斗目标，在中华大地上全面建成了小康社会，历史性地解决了绝对贫困问题，正在意气风发向着全面建成社会主义现代化强国的第二个百年奋斗目标迈进。习近平总书记还提出，我们坚持和发展中国特色社会主义，推动物质文明、政治文明、精神文明、社会文明、生态文明协调发展，创造了中国式现代化新道路，创造了人类文明新形态。这是第一次提出中国式现代化。在党的二十大报告中对"中国式现代化"进行了系统论述。

习近平总书记指出，在新中国成立特别是改革开放以来长期探索和实践基础上，经过党的十八大以来在理论和实践上的创新突破，我们党成功推进和拓展了中国式现代化。世界上既不存在定于一尊的现代化模式，也不存在放之四海而皆准的现代化标准。我们推进的现代化，是中国共产党领导的社会主义现代化，必须坚持以中国式现代化推进中华民族伟大复兴，既不走封闭僵化的老路，也不走改旗易帜的邪路，坚持把国家和民族发展放在自己力量的基点上、把中国发展进步的命运牢牢掌握在自己手中。

中国式现代化，是中国共产党领导的社会主义现代化，既有各国现代化的共同特征，更有基于自己国情的中国特色。

中国式现代化的核心主题是实现中华民族伟大复兴。

中国式现代化，是人口规模巨大的现代化，是全体人民共同富裕的现代化，是物质文明和精神文明相协调的现代化，是人与自然和谐共生的现代化，是走和平发展道路的现代化。

中国式现代化的本质要求是：坚持中国共产党领导，坚持中国特色社会主义，实现高质量发展，发展全过程人民民主，丰富人民精神世界，实现全体人民共同富裕，促进人与自然和谐共生，推动构建人类命运共同体，创造人类文明新形态。

中国式现代化总目标，是全面建成社会主义现代化强国。实现第一个百年奋斗目标之后，向第二个百年奋斗目标——全面建成社会主义现代化强国迈进，第一步从二〇二〇年到二〇三五年，全面建成高水平社会主义市场经济体制，中国特色社会主义制度更加完善，基本实现国家治理体系和治理能力现代化，基本实现社会主义现代化，第二步从二〇三五年到本世纪中叶全面建成社会主义现代化强国。

（三）农业农村现代化

中国式现代化是全体人民共同富裕的现代化，农业农村现代化是中国式现代化的重要组成部分。传统乡村的特点是以农业为主导、社会结构简单、文化传统独特、生活节奏缓慢。传统村落作为历史记忆、生产生活、文化艺术和地域特色的载体，具有深厚的历史文化内涵和丰富的传统资源。乡村的建筑风格、民俗习惯、节庆活动等都体现了当地的文化特色。但是，随着现代化进程的推进，城乡差距凸显，许多传统乡村发展面临着诸多挑战。如何补上乡村建设短板？党的十九大作出了乡村振兴战略部署。

习近平总书记指出，没有农业强国就没有整个现代化强国；没有农业农村现代化，社会主义现代化就是不全面的。农业农村现代化是国家现代化的基础，是关系国计民生的根本性问题，是稳大局、应变局、开新局的压舱石。

农业农村现代化是在深入改革过程中对农业现代化的延续和发展。

中国式农业农村现代化是城乡融合背景下的农业现代化、农村现代化和农民现代化，是以小农户规模巨大、城乡融合发展、农业高质高效、乡村宜居宜业、农民富裕富足、乡村地域综合体等为主要特征的多模式、多类型共存的现代化。

中华民族伟大复兴战略全局不能没有乡村人口的参与，因此，中华民族伟大复兴战略全局离不开中国式农业农村现代化。

农业农村现代化的工作原则：坚持加强党对"三农"工作的全面领导，坚持服务和融入新发展格局，坚持农业农村优先发展，坚持农民主体地位，坚持统筹发展和安全，坚持改革创新，坚持系统观念，坚持因地制宜和分类推进。

农业农村现代化的特征：智能化、市场化、法治化、在地化、绿色化。

农业农村现代化的内涵就是要立足我们自己的国情、农情，根据乡村振兴"产业兴旺、生态宜居、乡风文明、治理有效、生活富裕"的总要求，统筹推进"五位一体"总体布局，坚持以人民为中心，完善"乡村治理"机制，在参照现代化一般规律的基础上，走出一条富有中国特色的、中国式的农业农村现代化新道路。

党的二十届三中全会指出，城乡融合发展是中国式现代化的必然要求。必须统筹新型工业化、新型城镇化和乡村全面振兴，全面提高城乡规划、建设、治理融合水平，促进城乡要素平等交换、双向流动，缩小城乡差别，促进城乡共同繁荣发展。

农村与中国式现代化的关系。

二、中国特色社会主义法治

（一）社会主义法治

"法治"是指依法而治，依靠的是法律的理性和权威，强调法律在国家和社会治理中的至上地位。

法治是一种治国理念或治国方略，强调法律的权威性和普遍适用性，其基本内涵在于将法律作为治理国家和社会的最高准则，任何人和机构都不得凌驾于法律之上。

社会主义法治通常指社会主义国家的法律和制度，或者指社会主义民主的制度化、法律化。社会主义法治是在打碎旧的国家机器、废除旧的法治体系的基础上建立的。代表了社会主义国家全体人民的最大利益和意志。

习近平总书记指出，每一种法治形态背后都有一套政治理论，每一种法治模式当中都有一种政治逻辑，每一条法治道路底下都有一种政治立场，这一重要论述深刻揭示了讲政治与讲法治的辩证关系。

社会主义法治理念是对社会主义法治的核心内容、本质要求、价值追求、重要使命以及根本保证等法治基本问题的集中概括，是指导和调整社会主义立法、执法、司法、守法和法律监督的方针和原则，是马克思主义中国化的最新成果，是社会主义法治的精髓和灵魂，是我国社会主义法治事业必须长期遵循的指导思想。

（二）中国特色社会主义法治

中国特色社会主义法治体系是中国特色社会主义制度的法律表现形式。

中国特色社会主义法治理论，系统地反映符合中国国情和人类法治文明发展方向的核心观念、基本信念和价值取向，是马克思主义关于国家与法的理论同中国国情和现代化建设实际相结合的产物，是中国特色社会主义民主与法治实践经验的总结，可以概括为五个方面的内容：依法治国、执法为民、公平正义、服务大局、党的领导。

2014年党的十八届四中全会第一次提出了"中国特色社会主义法治体系"的概念，

将建设中国特色社会主义法治体系、建设社会主义法治国家作为全面推进依法治国的总目标。

中国特色社会主义法治体系包括：完备的法律规范体系、高效的法治实施体系、严密的法治监督体系、有力的法治保障体系、完善的党内法规体系。

建设中国特色社会主义法治体系，是全面推进依法治国的总抓手，是国家治理体系的骨干工程。加快建设中国特色社会主义法治体系，必须加快形成完备的法律规范体系、高效的法治实施体系、严密的法治监督体系、有力的法治保障体系，形成完善的党内法规体系。

习近平总书记指出，全面推进依法治国涉及很多方面，在实际工作中必须有一个总揽全局、牵引各方的总抓手，这个总抓手就是建设中国特色社会主义法治体系。

中国特色社会主义法治建设指导方针：科学立法、严格执法、公正司法、全民守法。

（三）习近平法治思想

习近平法治思想从历史和现实、国内和国际、理论和实践多方面融合，深刻阐明了全面依法治国的政治方向、实践要求，内涵丰富、论述深刻、逻辑严密、系统完备。

习近平法治思想的"十一个坚持"：坚持党对全面依法治国的领导；坚持以人民为中心；坚持中国特色社会主义法治道路；坚持依宪治国、依宪执政；坚持在法治轨道上推进国家治理体系和治理能力现代化；坚持建设中国特色社会主义法治体系；坚持依法治国、依法执政、依法行政共同推进，法治国家、法治政府、法治社会一体建设；坚持全面推进科学立法、严格执法、公正司法、全民守法；坚持统筹推进国内法治和涉外法治；坚持建设德才兼备的高素质法治工作队伍；坚持抓住领导干部这个"关键少数"。

习近平法治思想是马克思主义法治理论中国化时代化的最新成果，是中国特色社会主义法治理论的重大创新发展，是习近平新时代中国特色社会主义思想的重要组成部分，是新时代推进全面依法治国的根本遵循和行动指南。

拓展阅读

《中共中央关于进一步全面深化改革、推进中国式现代化的决定》（节选）。

九、完善中国特色社会主义法治体系

法治是中国式现代化的重要保障。必须全面贯彻实施宪法，维护宪法权威，协同推进立法、执法、司法、守法各环节改革，健全法律面前人人平等保障机制，弘扬社会主义法治精神，维护社会公平正义，全面推进国家各方面工作法治化。

（33）深化立法领域改革。完善以宪法为核心的中国特色社会主义法律体系，健全保证宪法全面实施制度体系，建立宪法实施情况报告制度。完善党委领导、人大主导、政府依托、各方参与的立法工作格局。统筹立改废释纂，加强重点领域、新兴领域、涉外领域立法，完善合宪性审查、备案审查制度，提高立法质量。探索区域协同立法。健全党内法规同国家法律法规衔接协调机制。建设全国统一的法律法规和规范性文件信息平台。

（34）深入推进依法行政。推进政府机构、职能、权限、程序、责任法定化，促进政务服务标准化、规范化、便利化，完善覆盖全国的一体化在线政务服务平台。完善重大决策、规范性文件合法性审查机制。加强政府立法审查。深化行政执法体制改革，完善基层综合执法体制机制，健全行政执法监督体制机制。完善行政处罚等领域行政裁量权基准制度，推动行政执法标准跨区域衔接。完善行政处罚和刑事处罚双向衔接制度。健全行政复议体制机制。完善行政裁决制度。完善垂直管理体制和地方分级管理体制，健全垂直管理机构和地方协作配合机制。稳妥推进人口小县机构优化。深化开发区管理制度改革。优化事业单位结构布局，强化公益性。

（35）健全公正执法司法体制机制。健全监察机关、公安机关、检察机关、审判机关、司法行政机关各司其职，监察权、侦查权、检察权、审判权、执行权相互配合、相互制约的体制机制，确保执法司法各环节全过程在有效制约监督下运行。深化审判权和执行权分离改革，健全国家执行体制，强化当事人、检察机关和社会公众对执行活动的全程监督。完善执法司法救济保护制度，完善国家赔偿制度。深化和规范司法公开，落实和完善司法责任制。规范专门法院设置。深化行政案件级别管辖、集中管辖、异地管辖改革。构建协同高效的警务体制机制，推进地方公安机关机构编制管理改革，继续推进民航公安机关和海关缉私部门管理体制改革。规范警务辅助人员管理制度。

坚持正确人权观，加强人权执法司法保障，完善事前审查、事中监督、事后纠正等工作机制，完善涉及公民人身权利强制措施以及查封、扣押、冻结等强制措施的制度，依法查处利用职权徇私枉法、非法拘禁、刑讯逼供等犯罪行为。推进刑事案件律师辩护全覆盖。建立轻微犯罪记录封存制度。

（36）完善推进法治社会建设机制。健全覆盖城乡的公共法律服务体系，深化律师制度、公证体制、仲裁制度、调解制度、司法鉴定管理体制改革。改进法治宣传教育，完善以实践为导向的法学院校教育培养机制。加强和改进未成年人权益保护，强化未成年人犯罪预防和治理，制定专门矫治教育规定。

（37）加强涉外法治建设。建立一体推进涉外立法、执法、司法、守法和法律服务、法治人才培养的工作机制。完善涉外法律法规体系和法治实施体系，深化执法司法国际合作。完善涉外民事法律关系中当事人依法约定管辖、选择适用域外法等司法审判制度。健全国际商事仲裁和调解制度，培育国际一流仲裁机构、律师事务所。积极参与国际规则制定。

《中国式现代化是中国共产党领导的社会主义现代化》

项目二　农村集体经济组织历史沿革

项目概述

农村集体经济是社会主义公有制经济的重要组成部分。农村集体经济组织的发展，在经历社会主义建设时期和改革开放时期后进入了新阶段，经济模式也从较单一模式到多元模式。

本项目旨在通过介绍我国农村集体经济的发展沿革，帮助乡村CEO参与到我国农村集体经济组织走向新时代、新征程的建设发展中，为乡村现代化建设发挥积极作用。

任务导入

在中国共产党领导下，中国人民经过艰苦卓绝的革命历程，1949年中华人民共和国成立了，我国走上了社会主义发展道路，农村集体经济组织成为社会主义经济建设的重要发展力量。

了解中华人民共和国农村集体经济组织各阶段的发展历程，有助于乡村CEO更好地认识我国农村集体经济是社会主义公有制的组成部分，从而在参与农村集体经济建设中发挥积极作用。

知识链接

一、农村集体经济组织的产生

中华人民共和国成立初期，农村实行分田分地，随着1950年《中华人民共和国土地改革法》的颁布，新的土地法律关系确立，农村生产力大大解放，农业生产活力迅速恢复和发展。但很快出现了农户两极分化的趋势，部分农户因种种原因开始买卖土地，为防止两极分化造成社会问题，国家在农村推行互助组和初级农业合作社。

1953年2月，中共中央通过《关于农业生产互助合作的决定》，同年12月通过《关于发展农业生产合作社的决定》，由此逐步形成互助组、初级社的合作发展之路。1952年参加互助组的农户已经占全国农户总数的40%，1954年增加到58%。

1953年完成社会主义改造后，农村土地集体所有制完成建立，随着"一五"计划对农村经济发展的推动影响，农村个体小农经济和初期的互助组无法适应形势需要。1953—1955年，初级农业生产合作社逐步形成；1955—1958年，农村又逐步建立起高级农业生产合作社。

1955年7月，毛泽东在《关于农业合作化问题》中指出，目前农村中合作化的社会改革的高潮，有些地方已经到来，全国也即将到来。这是五亿多农村人口的大规模的社会主义的革命运动，带有极其伟大的世界意义。

1955年11月，全国人大通过《农业生产合作社示范章程草案》。1956年6月又通过《高级农业生产合作社示范章程》。

1956年1月，由毛泽东编辑并撰写序言和104篇按语的《中国农村的社会主义高潮》一书出版。

1957年参加农业合作社的农户占全国农户的96%，其中高级农业合作社占88%。高级农业合作社就是以生产资料公有制为基础的集体经济组织。

二、人民公社建立

1957年完全社会主义性质的高级农业合作社在我国农业生产中已经占有绝对优势。1958年8月，中共中央通过了《关于在农村建立人民公社问题的决议》，随后高级农业合作社发展为人民公社，原属于高级社的生产资料归公社所有，形成了公社、生产大队、生产队"三级所有、队为基础"的农村集体经济组织架构。

1962年9月发布的《农村人民公社工作条例》明确指出，农村人民公社是政社合一的组织，是我国社会主义政权在农村中的基层单位。

1958—1978年，农村集体经济在"政社合一"的人民公社制度领导下，以农业种植业为主，以"按劳分配、多劳多得"原则进行分配，实行统一生产、统一核算、统一分配的经营模式。

人民公社制度的建立，确定了农村土地等生产资料完全归集体所有，在社会主义建设发展过程中，特别是在水利、道路、卫生、教育、五保等方面，以及制造业和城市发展中发挥了不可替代的积极作用。

三、村民委员会设立

1978年改革开放以后，农村土地经营模式改变，实行分田到户、家庭联产承包责任制，农村土地的所有权和经营权分开，在保留所有权归集体所有的前提下，将土地经营权交给农户承包并自主经营，形成"统分结合"的经营模式。随着这一模式的推进，乡镇企业兴起。

1980年，邓小平同志在《关于农村政策问题》中提到，我们总的方向是发展集体经济。只要生产发展了，农村的社会分工和商品经济发展了，低水平的集体化就会发展到高水平的集体化，集体经济不巩固的也会巩固起来。

1982年，中央一号文件明确指出，包产到户、包干到户都是社会主义集体经济的生产责任制。

1982年《中华人民共和国宪法》规定，村民委员会是基层群众性自治组织，负责办理本村的公共事务和公益事业，调解民间纠纷，协助维护社会治安，并向人民政府反映群众的意见、要求和提出建议。

1983年初，中共中央发布《当前农村经济政策的若干问题》，对人民公社体制进行改革，实行政社分开。同年10月，发布了《关于实行政社分开建立乡政府的通知》，以原公社管辖范围为基础设立乡镇政权组织，根据村民居住情况设立村民委员会。

1985年，全国基本完成撤社建乡和设立村民委员会，共设立村民委员会94.9万个。随着城镇化迅速推进，一些地方撤村合村并村，村委会数量持续减少，截至2021年底全国约有村民委员会49.2万个。

1986年，中央成立贫困地区经济开发领导小组，确定331个国家级贫困县。

1987年，《中华人民共和国村民委员会组织法》（试行）发布，原生产大队一般改为村并设立村民委员会，生产队改为村民小组。1998年《中华人民共和国村民委员会组织法》通过。

1991年《中共中央关于进一步加强农业和农村工作的决定》指出，把以家庭联产承包为主的责任制、统分结合的双层经营体制，作为我国乡村集体经济组织的一项基本制度长期稳定下来。

为了促进农业和农村集体经济组织发展，1993年颁布了《中华人民共和国农业法》，1997年颁布了《中华人民共和国乡镇企业法》，2002年颁布了《中华人民共和国农村土地承包法》，2004年发布了《国务院关于深化改革严格土地管理的决定》，2005年发布了《农村土地承包经营权流转管理办法》，2006年通过了《中华人民共和国农民专业合作社法》。

2006年取消农业税，国家直接为乡村两级拨款，村财乡管，乡财县管。同年《中共中央 国务院关于推进社会主义新农村建设的若干意见》发布。在工业化、城镇化提速，农村老龄化、空心化问题逐渐显现出来时，2006年《中共中央 国务院关于推进社会主义新农村建设的若干意见》指出要继续加强农村集体组织经济实力和服务功能。

2012年农业部统计，589 185个村中，农村集体经济收入为0元的村有31.1万个，

5万元以下的村有15.1万个，5万~10万元的村有5.2万个，10万~50万元的村有4.8万个，50万~100万元的村有1.2万个，100万元以上的村有1.5万个，农村集体经济总资产达218 762 952.4万元，总收入为35 760 206.7万元，总收益为11 091 803.3万元。

这一时期，农村集体经济组织的情况有较大差别。有些经济发达地区，乡镇设有经济联合总社或者农工商总公司，村民小组设有经济合作社。但是，在发展过程中一些集体经济组织又实行了私有化改制，还有很多欠发达地区都是村委会或村小组代行集体经济组织职能，并未设立集体经济组织。

四、农村集体经济组织新发展

2012年，党的十八大提出推动统筹城乡发展一体化，坚持和完善农村基本经营制度，壮大集体经济实力。

2013—2020年，推进精准脱贫，深度扶贫。

2016年，农村集体产权制度改革，提出重建农村集体经济组织。

2017年，据农业部统计，56万多个村中，农村集体经济收入为0元的村子有26.17万个，5万元以下的村有13.7万个，5万~10万元的村有6.6万个，10万~50万元的村有6.2万个，50万~100万元的村有1.6万个，100万元以上的村有2.1万个，农村集体经济总资产达343 728 734.1万元，总收入为46 275 984万元，总收益为15 868 651万元。

2013年，党的十八届三中全会提出，鼓励农村土地承包经营权向家庭农场、专业合作社等新型农业生产经营主体流转，发展多种形式规模经营。

2015年，中共中央办公厅、国务院办公厅发布《深化农村改革综合性实施方案》，实行农村承包地"三权分置"，开展农村土地征收、集体经营性建设用地入市和农村宅基地制度改革试点。

2017年，党的十九大提出乡村振兴战略，深化农村集体产权制度改革，壮大集体经济。此后，《中共中央 国务院关于实施乡村振兴战略的意见》《乡村振兴战略规划（2018—2022）年》《中共中央 国务院关于建立健全城乡融合发展体制机制和政策体系的意见》等多项文件都提到了农村集体经济。全国所有农村按要求均进行集体资产清产核资，在县农业农村部门登记。2017年发布了《村级档案管理办法》

2020年，精准脱贫完成，全面转入乡村振兴。2020年《民法典》确定了农村集体经济组织特别法人地位。

2021年，我国进入新时代的新发展阶段。

2021年4月29日，第十三届全国人民代表大会常务委员会第二十八次会议表决通过了《中华人民共和国乡村振兴促进法》，该法共十章七十四条，2021年6月1日起施行。其中第六章组织建设第四十六条规定，各级人民政府应当引导和支持农村集体经济组织发挥依法管理集体资产、合理开发集体资源、服务集体成员等方面的作用，保障农村集体经济组织的独立运营。

2022年，党的二十大报告指出，全面建设社会主义现代化国家，最艰巨最繁重的任务仍然在农村。巩固和完善农村基本经营制度，发展新型农村集体经济，发展新型农业经营主体和社会化服务，发展农业适度规模经营。

2023年，财政部在修订《农村经济组织会计制度》时印发了《农村集体经济组织会计制度》。

2024年6月28日颁布的《农村集体经济组织法》有八章，包括：总则、成员、组织登记、组织机构、财产经营管理和收益分配、扶持措施、争议的解决和法律责任、附则，共计六十七条，于2025年5月1日施行，这是农村集体经济组织发展改革性转变的标志。

公有制经济是社会主义的物质基础，农村集体经济是社会主义公有制经济的重要组成部分。农村集体经济组织是维护社会主义公有制在农村经济中的重要体现，也是实现全体人民共同富裕的重要依托。

《农村集体经济组织法》的出台，必将使农村集体经济"分"得过度、"统"得不够，而导致农民与集体经济组织联系弱化，农村集体经济统一经营弱化的局面逐步改变。

《农村集体经济组织法》提到"国家通过财政、税收、金融、土地、人才以及产业政策等扶持措施，促进农村集体经济组织发展，壮大新型农村集体经济"。

《农村集体经济组织法》不仅对集体经济组织的职能和成员作了规定，还对组织设立登记方式、内部机构组成、议事决事程序、收益分配、财产范畴、争议解决等内容作了规范。该法的目的是"维护农村集体经济组织及其成员的合法权益，规范农村集体经济组织及其运行管理，促进新型农村集体经济高质量发展，巩固和完善农村基本经营制度和社会主义基本经济制度，推进乡村全面振兴，加快建设农业强国，促进共同富裕"。

《农村集体经济组织法》的出台，标志着新型农村集体经济新时代的开启。

参考案例

案例1：张某与王某租赁合同纠纷案

王某系某村一村民。2018年4月，王某与张某签订了《场地租赁合同》，约定将位于该村闲置的6亩空场地回填后出租给张某，租期7年。合同签订后，张某向王某支付了租金35万余元，并在租用的6亩土地中的3亩实际堆放了物品。2021年5月，土地管理部门通知王某堆放杂物的3亩土地属于耕地，其涉嫌非法占用耕地，责令其立即改正并恢复土地原状。王某遂要求张某将堆放的物品搬离案涉场地。2021年7月，张某在完全腾退租赁场地后将王某诉至法院，请求判令王某退还未使用期间的租金20万元并赔偿其搬迁损失3万元。

人民法院审理认为，因张某与王某签订的《场地租赁合同》约定租给张某用于堆放物品的土地中包含部分耕地，违反了《中华人民共和国土地管理法》中关于农用地保护的相关规定，双方订立的《场地租赁合同》无效。为此，法院判令王某退还张某剩余租期租金，赔偿张某相应搬迁损失。

> 耕地保护是我们的基本国策，耕地"非农化"治理是我们的常态政策。因此在乡村建设中，涉及土地使用，应首先了解土地属性。

案例2：土地承包经营权确认纠纷案

2016年6月，刘某在担任村党支部书记期间，以本村村民委员会名义与外村村民曹某签订《土地流转合同》，约定将本村40亩土地流转给曹某经营，流转时间为2016年11月25日至2027年11月24日，流转费用每亩每年400元。双方还约定，若村民委员会提前收回土地，按剩余年限每亩每年500元的标准对曹某进行补偿。合同签订后，曹某将土地承包费全部支付给刘某。村民委员会在刘某离任后，发现该合同未经民主议定程序，就私自将村集体土地流转给外村村民，侵害了本村集体合法权益，为此向人民法院提起诉讼，请求确认刘某与曹某签订的《土地流转合同》无效，并请求判令曹某返还其占有的村集体土地40亩。

人民法院审理认为，曹某非该村集体经济组织成员，刘某未经法定程序就以村民委员会名义将集体土地承包给曹某，违反了《中华人民共和国农村土地承包法》，刘某以村民委员会名义与曹某签订的《土地流转合同》无效。法院判决曹某向某村民委员会返还其占有的土地40亩。

> 村集体事务不但要执行"四议两公开"，还不得违背法律规定。本案还违反了《中华人民共和国农村土地承包法》关于土地对外承包的法律规定。

📠 **实用文书** ▶

宅基地申请书（参考文本）

村民代表大会会议记录（参考文本）

📱 **拓展阅读** ▶

《民法典》涉农条文节选

项目三　合同法律实务

项目概述

合同，是现代生活中最普遍的交易文书，也是民事活动的重要法律文书。

本项目通过对合同、买卖合同、租赁合同的法律知识介绍，帮助乡村 CEO 充分认识合同的重要性，同时了解合同以及买卖合同、租赁合同的基本内容。

任务一　合同

任务导入

《民法典》总共七编共计 1 260 条，其中第三编第 463 条至第 988 条共计 526 条，是关于合同的法律规范。

无论什么内容、什么形式的合同，都有普遍的共性。本任务通过对合同常识的介绍，帮助乡村 CEO 了解合同的概念，掌握合同的订立、效力、履行，合同的变更、转让，及权利义务终止，从而建立合同意识。

知识链接

一、合同的概念

合同是民事主体之间设立、变更、终止民事法律关系的协议。

但是，婚姻、收养、监护等有关身份关系的协议，适用有关该身份关系的法律规定；没有规定的，可以根据其性质参照适用《民法典》合同编的规定。

二、合同的订立

当事人根据要约、承诺或其他方式，就合同达成一致意见视为合同订立。

（一）合同形式

当事人订立合同，可以采用书面形式、口头形式或者其他形式。

书面形式是合同书、信件、电报、电传、传真等可以有形地表现所载内容的形式。以电子数据交换、电子邮件等方式能够有形地表现所载内容，并可以随时调取查用的数据电文，视为书面形式。

（二）合同主要条款

合同的内容由当事人约定，一般包括下列8项条款。

（1）当事人的姓名或者名称和住所。

（2）标的。

（3）数量。

（4）质量要求。

（5）价款或者报酬。

（6）履行期限、地点和方式。

（7）违约责任。

（8）解决争议的方法。

三、合同的效力

合同的效力，是指当事人之间依法设立的合同对各方当事人的法律约束力。即合同当事人应当按照合同约定履行义务，否则就要承担违约责任；合同只在合同当事人之间发生权利义务关系，不能为合同外第三方设定权利义务；合同受法律保护，任何一方违约都应承担法律责任。合同效力的情形如下。

（1）有效合同。合同主体合法，合同内容合法、形式合法，意思表示真实，标的确定且可能，则合同有效。

（2）无效合同。违反法律、行政法规的强制性规定或违背公序良俗，以及行为人与相对人以虚假的意思表示实施的民事法律行为，恶意串通损害他人合法权益的无效。

（3）可撤销合同。因重大误解、欺诈、胁迫、显失公平等原因订立的合同，受损害方可以请求人民法院或仲裁机构予以撤销。

（4）效力待定合同。限制民事行为能力人和无权代理人订立的合同，在法定代理人同意或追认后有效，否则为无效合同。

依照法律、行政法规的规定，合同应当办理批准等手续的，依照其规定。未办理批准等手续影响合同生效的，不影响合同中履行报批等义务条款以及相关条款的效力。应当办理申请批准等手续的当事人未履行义务的，对方可以请求其承担违反该义务的责任。

合同不生效、无效、被撤销或者终止的，不影响合同中有关解决争议方法的条款的效力。

四、合同的履行

合同履行是实现合同目的的核心，是负有义务的合同当事人按合同约定和法律规定向相对人完成义务的行为，即债务人向债权人作出给付的行为。

合同履行的基本原则是全面履行原则、诚实信用原则、绿色环保原则。

（一）合同约定不明的履行

合同生效后，在合同履行过程中，当事人就质量、价款或者报酬、履行地点等内容没有约定或者约定不明确的，可以协议补充；不能达成补充协议的，按照合同相关条款或者交易习惯确定。若还是不能确定，则适用以下规定。

（1）质量要求不明确的，按照强制性国家标准履行；没有强制性国家标准的，按照推荐性国家标准履行；没有推荐性国家标准的，按照行业标准履行；没有国家标准、行业标准的，按照通常标准或者符合合同目的的特定标准履行。

（2）价款或者报酬不明确的，按照订立合同时履行地的市场价格履行；依法应当执行政府定价或者政府指导价的，依照规定履行。

（3）履行地点不明确，给付货币的，在接受货币一方所在地履行；交付不动产的，在不动产所在地履行；其他标的，在履行义务一方所在地履行。

（4）履行期限不明确的，债务人可以随时履行；债权人也可以随时请求履行，但是应当给对方必要的准备时间。

（5）履行方式不明确的，按照有利于实现合同目的的方式履行。

（6）履行费用的负担不明确的，由履行义务一方负担；因债权人原因增加的履行费用，由债权人负担。

（二）合同约定向第三人的履行

当事人约定由债务人向第三人履行债务，债务人未向第三人履行债务或者履行债务不符合约定的，应当向债权人承担违约责任。

法律规定或者当事人约定第三人可以直接请求债务人向其履行债务，第三人未在合理期限内明确拒绝，债务人未向第三人履行债务或者履行债务不符合约定的，第三人可以请求债务人承担违约责任；债务人对债权人的抗辩，可以向第三人主张。

(三)合同约定第三人的履行

当事人约定由第三人向债权人履行债务,第三人不履行债务或者履行债务不符合约定的,债务人应当向债权人承担违约责任。

(四)合同约定第三人的代为履行

债务人不履行债务,第三人对履行该债务具有合法利益的,第三人有权向债权人代为履行;但是,根据债务性质、按照当事人约定或者依照法律规定只能由债务人履行的除外。

债权人接受第三人履行后,其对债务人的债权转让给第三人,但是债务人和第三人另有约定的除外。

(五)同时履行

当事人互负债务,没有先后履行顺序的,应当同时履行。一方在对方履行债务之前有权拒绝其履行请求。一方在对方履行债务不符合约定时,有权拒绝其相应的履行请求。

(六)先履行

当事人互负债务,有先后履行债务顺序;应当先履行债务一方未履行的,后履行一方有权拒绝其履行请求。先履行一方履行债务不符合约定的,后履行一方有权拒绝其相应的履行请求。

(七)履行不安抗辩权

履行不安抗辩是指应当先履行债务的当事人,有确切证据证明对方有下列情形之一的,可以中止履行:

(1)经营状况严重恶化;

(2)转移财产、抽逃资金,以逃避债务;

(3)丧失商业信誉;

(4)有丧失或者可能丧失履行债务能力的其他情形。

当事人没有确切证据中止履行的,应当承担违约责任。

(八)当事人变化不影响合同履行

合同生效后,当事人不得因姓名、名称的变更或者法定代表人、负责人、承办人的变动而不履行约定。

(九)情势变更

合同成立后,合同的基础条件发生了当事人在订立合同时无法预见的、不属于商业风险的重大变化,继续履行合同对于当事人一方明显不公平的,受不利影响的当事人可以与对方重新协商；在合理期限内协商不成的，当事人可以请求人民法院或者仲裁机构变更或者解除合同。人民法院或者仲裁机构应当结合案件的实际情况，根据公平原则变更或者解除合同。

五、合同的保全

合同保全制度是指合同债权人在合同债务人财产不当减少或者应当增加而未增加，因此给债权人的债权带来危害时，法律赋予债权人用以保证其债权实现的措施。法律规定的具体措施包括债权人行使代位权、撤销权两类。

债权人的代位权，是指当债务人怠于行使其对第三人享有的权利而有害于债权人的权利行使时，债权人为使自己的权利得到保障，可以用自己的名义代为行使债务人的权利。

债权人的撤销权，指债务人放弃对第三人的债权，实施无偿或低价处分财产的行为损害债权人的利益时，债权人可以依法请求人民法院撤销债务人所实施的行为。

六、合同的变更和转让

（一）合同变更

合同的变更，一般指合同订立后在履行过程中，当事人协商一致，或当事人事先有约定，或出现法律规定的情形，当事人可以就合同内容予以改变。

合同变更是内容的部分变更，而非合同性质的变更。合同变更不溯及既往，即已经履行的合同不能变更。

（二）合同转让

合同的转让，指合同履行过程中，合同当事人主体发生改变，即合同当事人将合同权利义务转让给第三人。分为合同权利转让、合同义务转让、合同权利义务的概况转让。

合同权利转让，债权人可以将债权的全部或者部分转让给第三人，但是根据债权性质不得转让、按照当事人约定不得转让、依照法律规定不得转让的除外。债权人转让债权应当通知债务人，未通知债务人的，该转让对债务人不发生效力。债权转让的通知不得撤销，但是经受让人同意的除外。债权转让从权利一并转让，债权人转让债权的，受让人取得与债权有关的从权利，但是该从权利专属于债权人自身的除外。受让人取得从权利不因从权利未办理转移登记手续或者未转移占有而受到影响。债务人接到债权转让通知时，债务人对让与人享有债权，且债务人的债权先于转让的债权到期或者同时到期，即债务人的债权与转让的债权是基于同一合同产生，则债务人可以向受让人主张抵销。

合同义务转让，债务人可以将债务的全部或者部分转移给第三人的，但应当经债权人同意，债务人或者第三人可以催告债权人在合理期限内予以同意，债权人未作表示的，视为不同意。债务人转移债务的，新债务人可以主张原债务人对债权人的抗辩；原债务人对债权人享有债权的，新债务人不得向债权人主张抵销。债务人转移债务的，新债务人应当承担与主债务有关的从债务，但是该从债务专属于原债务人自身的除外。第三人与债务人约定加入债务并通知债权人，或者第三人向债权人表示愿意加入债务，债权人未在合理期限内明确拒绝的，债权人可以请求第三人在其愿意承担的债务范围内和债务人承担连带债务。

合同权利义务转让，当事人一方经对方同意，可以将自己在合同中的权利和义务一并转让给第三人。

七、合同的权利义务终止

（一）合同债权债务终止

合同有下列情形之一的，债权债务终止：

（1）债务已经履行；

（2）债务相互抵销；

（3）债务人依法将标的物提存；

（4）债权人免除债务；

（5）债权债务同归于一人；

（6）法律规定或者当事人约定终止的其他情形。

合同解除的，该合同的权利义务关系终止。

债权债务终止后，当事人应当遵循诚信等原则，根据交易习惯履行通知、协助、保密、旧物回收等义务。

债权债务终止时，债权的从权利同时消灭；但是法律另有规定或者当事人另有约定的除外。

债务人对同一债权人负担的数项债务种类相同，债务人的给付不足以清偿全部债务的，除当事人另有约定外，由债务人在清偿时指定其履行的债务。债务人未作指定的，应当优先履行已经到期的债务；数项债务均到期的，优先履行对债权人缺乏担保或者担保最少的债务；均无担保或者担保相等的，优先履行债务人负担较重的债务；负担相同的，按照债务到期的先后顺序履行；到期时间相同的，按照债务比例履行。

债务人在履行主债务外还应当支付利息和实现债权的有关费用，其给付不足以清偿全部债务的，除当事人另有约定外，应当按照实现债权的有关费用、利息、主债务的顺序履行。

（二）合同的解除

在合同履行过程中，当事人协商一致，可以解除合同。当事人也可以在合同中约定一方解除合同的事由，解除合同的事由发生时，解除权人可以解除合同。

合同有下列情形之一的，当事人可以解除合同：

（1）因不可抗力致使不能实现合同目的；

（2）在履行期限届满前，当事人一方明确表示或者以自己的行为表明不履行主要债务；

（3）当事人一方迟延履行主要债务，经催告后在合理期限内仍未履行；

（4）当事人一方迟延履行债务或者有其他违约行为致使不能实现合同目的；

（5）法律规定的其他情形。

以持续履行的债务为内容的不定期合同，当事人可以随时解除合同，但是应当在合理期限之前通知对方。

法律规定或者当事人约定解除权行使期限，期限届满当事人不行使的，该权利消灭。法律没有规定或者当事人没有约定解除权行使期限，自解除权人知道或者应当知道解除事由之日起一年内不行使，或者经对方催告后在合理期限内不行使的，该权利消灭。

当事人一方依法主张解除合同的，应当通知对方。通知载明债务人在一定期限内不履行债务则合同自动解除。债务人在该期限内未履行债务的，合同自通知载明的期限届满时解除。对方对解除合同有异议的，任何一方当事人均可以请求人民法院或者仲裁机构确认解除行为的效力。当事人一方未通知对方，直接以提起诉讼或者申请仲裁的方式依法主张解除合同，人民法院或者仲裁机构确认该主张的，合同自起诉状副本或者仲裁申请书副本送达对方时解除。

合同解除后，尚未履行的，终止履行；已经履行的，根据履行情况和合同性质，当事人可以请求恢复原状或者采取其他补救措施，并有权请求赔偿损失。合同因违约解除的，解除权人可以请求违约方承担违约责任，但是当事人另有约定的除外。主合同解除后，担保人对债务人应当承担的民事责任仍应当承担担保责任，但是担保合同另有约定的除外。

合同的权利义务关系终止，不影响合同中结算和清理条款的效力。

八、违约责任

违约责任是指当事人订立合同后，不履行或不当履行合同义务而应当承担的民事责任。

违约有单方违约、双方违约及因第三人原因的违约等情形。

出现违约的情形，债务人即便没有过错也要承担违约责任，但是，法定免责和约定免责，以及赠与合同、委托合同、保管合同、仓储合同、承运合同承运人对旅客自带物品的损毁除外。

九、典型合同与准合同

《民法典》实施前，关于合同的基本法律是《合同法》，《合同法》中将合同分为有名合同和无名合同。《民法典》吸收了《合同法》，将《合同法》中的有名合同变更为典型合同，将无名合同变更为准合同。

《民法典》第三编合同共有典型合同十九类，准合同两类。

案例参考

案例1：张某诉赵某民间借贷纠纷案

基本案情

原告（被上诉人）张某诉称，原告于2014年6月23日借给被告848 270.78元，用于替被告偿还张某甲名下贷款本息420 161.89元、纪某名下贷款本息428 108.89元，合计848 270.78元，被告为实际用款人。双方约定于2014年10月31日前归还借款。但到期后被告没有还款，经原告多次催要，被告于2015年2月12日偿还20万元，并重新出具了648 270.78元的借据，后经多次催要无果。请求法院判令：（1）被告赵某偿还欠款648 270.78元；（2）被告以648 270.78元为本金，从2018年10月20日起按照年利率6%给付逾期利息至实际给付之日；（3）诉讼费由被告承担。

被告（上诉人）赵某辩称：（1）被答辩人仅提供借款凭证，未提供向答辩人交付出借款的证明，答辩人也未实际收到出借款项，被答辩人也未能提供向中国工商银行替张某甲、纪某还款80万余元的凭证，借贷关系不生效；（2）被答辩人未提供答辩人同意其替张某甲、纪某偿还贷款的相关证据；（3）作为保证人，答辩人已经替周某、常某、刘某偿还贷款140万余元，张某甲、纪某贷款的80万余元答辩人没有义务偿还，答辩人与被答辩人并不相识，被答辩人没有理由替答辩人偿还；（4）本案的债权已经超过法定诉讼时效，应依法驳回原告的诉求。

法院经审理查明，2013年5月16日，案外人张某甲、纪某、周某、常某、刘某五人在中国工商银行建三江支行以购买水田生产资料为由贷款225万元，贷款期限一年。被告赵某作为张某甲、纪某、周某、常某、刘某五人的代理人，将中国工商银行建三江支行存入以上五位贷款人账户的贷款全部转入赵某卡中。当日，赵某及车某作为保证人为中国工商银行建三江支行出具还款承诺书，载明："我们承诺上述5名借款人中任何一人违约，我们对违约的借款人合同项下的全部贷款本金、利息、罚息、复利、违约金、贷款人实现债权的费用和借款人所有的其他应付费用承担连带保证责任，保证你行贷款本息按期、足额偿还。对贷款手续中的土地承包证明等相关资料的真实性负完全责任，与信贷调查人员无关。"贷款到期后未偿还。经中国工商银行建三江支行催收，2014年6月23日，赵某偿还了周某、常某、刘某三人名下全部贷款本息，张某甲、纪某名下贷款未偿还。后与张某协商，向张某借款848 270.78元用于偿还张某甲、纪某二人贷款。并在时任行长胡某办公室为张某出具借据，载明："借张某848 270.78元，其中，贰拾万元于2014年10月31日前归还。"张某向其同事拆借及自己筹集共计848 270.78元交付赵某。赵某分别于2014年6月25日、26日用该借款将张某甲、纪某名下的贷款本息偿还完毕。后经原告多次催要，被告于2015年2月12日偿还20万元，并重新出具了648 270.78元的借据，借据载明："借张某陆拾肆万捌仟贰佰柒拾元柒角捌分，648 270.78元，什么时候有钱什么时候给。借款人赵某。"后经原告多次催要无果，诉至法院。

判决结果

一、赵某于本判决生效之日起10日内给付张某借款648 270.78元，自2022年1月6日起按全国银行间同业拆借中心一年期贷款市场报价利率计算逾期利息至实际给付之日；二、驳回张某的其他诉讼请求。

宣判后，赵某提出上诉。终审民事判决：驳回上诉，维持原判。

附生效条件的合同，自条件成就时生效。附解除条件的合同，自条件成就时失效。当事人为自己的利益不正当阻止条件成就的，视为条件已成就；不正当促进条件成就的，视为条件不成就。

案例2：合同约定主要义务作为生效要件，不能直接推定该约定为认定合同生效的要件

基本案情

原告某某集团有限公司（以下简称某某集团）、被告某某置业有限公司（以下简称某某置业）、被告杨某某（担保人）三方就某某棚户区改造项目签订《三方协议》，由担保人杨某某收取承包人某某集团缴纳的100万元履约保证金转给发包人某某置业；承包人某某集团向发包人某某置业另行缴纳900万元履约保证金。如因发包人和担保人自身原因无法取得项目地块的土地使用权，致使项目无法施工，发包人和担保人应连带返还承包人缴纳的 1 000 万元履约保证金。协议最后一条约定，"本协议各方各执一份，经各方当事人签字盖章（捺印）履约保证金 900 万元到账后生效"。协议签订后，原告某某集团进场施工。截至 2021 年 5 月 25 日，原告向被告某某置业转账履约保证金共计 600 万元。2021 年 9 月 25 日，原告因被告履约不能请求二被告退还之前交付的履约保证金、对已施工工程量进行核算并支付相应工程款。对此被告辩称案涉《三方协议》设置了生效要件，即本协议经各方当事人签字盖章（捺印）履约保证金 900 万元到账后生效，因原告未按约定缴纳 900 万元履约保证金，故该《三方协议》未生效。

被告某某置业辩称其未收到被告杨某某转交的 100 万元履约保证金，被告杨某某自认其代被告某某置业向案外人某某管理有限公司支付了 68 万余元的钢材款，剩余款项未付。案涉工程共计支付钢筋款 688 270 元，原告某某集团主张其代被告某某置业向某某管理有限公司支付 30 万元的钢筋材料款，并同意从应付工程款中扣减 38.827 0 万元，被告杨某某、某某置业对此均无异议。

判决结果

一、被告杨某某返还原告某某集团履约保证金 1 000 000 元。

二、被告某某置业支付原告某某集团工程款 14 470 871 元及利息（以 14 470 871 元为基数，按照全国银行间同业拆借中心公布的一年期贷款市场报价利率的标准，自 2022 年 2 月 1 日起计算至实际付清之日止）。

三、被告某某置业支付原告某某集团诉讼保全保险费 17 830.79 元。

本案中《三方协议》《退场清算协议》，均系各方当事人的真实意思表示，且不违反法律、行政法规的强制性规定，应为有效合同。本案中，"缴纳履约保证金"是原告某某公司的主要合同义务，该义务明确且确定，原告某某公司是否缴纳该保证金是合同履行的结果，合同履行结果的不确定不是条件的不确定，故案涉《三方协议》不属于附生效条件的合同，该《三方协议》依法成立并生效。

拓展阅读

违约责任既是己方履行合同时应高度重视的内容，也是在对方不按合同约定履行义务时追究对方责任的依据。除当事人可以根据合同内容约定违约责任外，法律对违约责任的规定还有以下主要内容。

《民法典》关于违约责任的规定

实用文书

物资采购合同（参考文本）

任务二 买卖合同

任务导入

买卖合同是日常生活、商业交易中最常见的一类合同。

本任务通过学习买卖合同的基本知识,帮助乡村CEO提高对买卖合同的运用能力。

知识链接

一、买卖合同概述

买卖合同是出卖人转移标的物的所有权于买受人,买受人支付价款的合同。

二、买卖合同构成要件

买卖合同的内容一般包括标的物的名称、数量、质量、价款、履行期限、履行地点和方式、包装方式、检验标准和方法、结算方式、合同使用的文字及其效力等条款。

三、签订买卖合同应注意事项

(一)主体是否合格

在签订合同时,一定注意审核对方主体资格。包括营业执照、年检状态、经营资质、经营期限、经营动态、实际能力、司法情形等诸多要素。如果是法定代表人之外的代表签约,还应注意审核委托授权依据、委托期限、授权内容、法人公章真实有效等。

(二)内容是否完备

在签订合同时,对合同正文内容的约定务必完整。名称、数量、质量、价款、履行期限、履行地点和方式、包装方式、检验标准和方法、结算方式、违约责任等要素应当具体、无歧义。

名称一定要全称;对习惯使用的甲方乙方应当对其界定是供方或者需方;数量单位前后统一,不要使用概念不清或者抽象的不符合国家规定的计量单位,如一堆、一捆、一双等;质量标准无论是国家标准、行业标准还是企业标准,要规范具体;对包装的要求,不能简单表示为袋装、瓶装、箱装等,而应写明包装的质量、厚度、规格、外观形状、内层处理等;交货方式应把运输方式、运输费用、运输责任、验收时间、验收方法、验收异议等界定具体;付款结算的条件要详细、具体,涉及支票、汇票、汇兑、委托付款或者以物抵款等其他方式时，应规范并落实其履行保障；对违约责任的规定本着公平原则约定。

（三）争议解决是否具体、落款是否准确

争议解决是指合同履行发生纠纷寻求解决的路径和方法。一般包括调解、仲裁、诉讼 3 种方式。当事人选择何种方式要根据具体情形来确定。

调解是效率最高、成本最低的解决方式。但是需要双方自愿，不得强迫。调解既包括双方自己达成和解，也包括第三方介入协助调解。

仲裁机构和法院都是专门解决争议的职能机关。仲裁是一裁终局，即仲裁裁决作出后即发生法律效力，债务人一方不履行裁决结果，对方即可申请强制执行。诉讼是两审终审，即一方当事人对一审判决不服，可以在规定的上诉期限内提起二审。仲裁和诉讼比调解时间周期相对较长，但其结果具有强制力。

落款主要是签字和盖章。签名一定是法定代表人或者其授权的有效代理人，盖章必须是有效主体的印章，而不是分公司或者项目部印章。不要忘记日期。

四、买卖合同履行注意事项

（一）附条件的合同

附生效条件的合同，自条件成就时合同生效。附解除条件的合同，自条件成就时合同失效。当事人为自己的利益不当阻止条件成就的，视为条件已经成就；不当促进条件成就的，可视为条件不成就。

合同所附条件的当事人约定，并非法定。但是，该条件首先必须是合法的，并不得与合同主要内容相矛盾，且该条件必须是将来会发生的明确的事实。

（二）履行变更

法律规定当事人协商一致，可以变更合同。但是，在实践中一方已经实际变更合同约定履行变更后的合同内容，如果对方接受的，视为双方协商一致变更合同内容。如果对方未接受的，则必须遵守约定，变更一方应承担违约责任。

因此，对合同的变更应尽量采用书面形式。对没有书面的变更履行，要完善行为证据材料，保护自己合法权益。

（三）异议与默认

异议是指一方认为对方履行合同不符合约定而提出质疑的情形。在买卖合同尤其是农产品买卖合同中，对农产品质量的异议期限最好有明确的约定。

默认就是针对对方作出的行为或提出的要求，不作出具体的法律上的意思表示，

一般也不形成法律后果。但是，法律有规定、当事人有约定或者符合当事人之间一贯的交易习惯的除外。

案例参考

案例：某某数码科技有限公司与某某汽车服务有限公司买卖合同纠纷案

A数码公司自2010年10月至2013年11月向B汽车服务公司供货，双方于2011年1月签订的《合作协议》中并未约定返点。合同实际履行中，A数码公司根据收到的货款对B汽车服务公司进行不定额的返点，但此返点并非A数码公司依合同约定或以实际履行行为变更合同后所负合同之义务，不在应支付货款中直接扣除，而是A数码公司收到货款后自愿决定的不定额返点行为。

双方基于返点发生争议，以口头协议形式对还款时间和返点又进行了约定，约定B汽车服务公司于2013年年底还完所有欠款，同时A数码公司在收到B汽车服务公司支付货款到账后按8%进行返点，此返点是基于B汽车服务公司按约于2013年年底还完全部货款的前提下，系附条件的约定。

B汽车服务公司并未按约于2013年年底还完全部欠款，A数码公司提起诉讼，B汽车服务公司要求在其应付欠款时扣除8%的返点。

法院裁判，返点条件不成就，法院不予支持。

拓展阅读

买卖合同是日常交易中使用频率较高的合同类型，对法律规定的一些重要条款，务必充分掌握。

《民法典》中关于买卖合同的部分规定

实用文书

货物买卖合同（示范文本）　　农产品购销合同（示范文本）

任务三 租赁合同

📩 任务导入 ▶

租赁合同也是日常生活与商业交易中常用的合同类型。

本任务通过学习租赁合同的基本知识，案例介绍，帮助乡村 CEO 提高对租赁合同的运用能力。

📝 知识链接 ▶

一、租赁合同概念

租赁合同是出租人将租赁物交付承租人使用、收益，承租人支付租金的合同。租赁合同的标的物称为租赁物，包括动产和不动产。

二、租赁合同构成要件

租赁合同的内容一般包括租赁物的名称、数量、用途、租赁期限、租金及其支付期限和方式、租赁物维修等条款。

租赁合同应当详细约定出租人和承租人的权利与义务，避免发生纠纷后，因约定不明而各执一词。

三、租赁合同应注意事项

（一）主体是否合格

无论出租方或承租方，在建立租赁关系时，首先应当审核确认对方主体资格。对于出租方必须拥有对租赁物的所有权、使用权或合法的出租、转租权。而对承租方除具有相应的资格、资质外，一定要注意承租人就是实际履行人，并对实际履行人的相关信息进行合同约定，还需关注其履行能力。

（二）对租赁合法性的审查

一是内容是否合法，除合同当事人和约定内容外，主要是合同租赁物的合法性确认。二是程序是否合法，需要招投标的是否进行了招投标，需要前置程序或其他必备条件的，是否已经完善前置程序。

房屋租赁合同无效，则当事人不得请求支付租金；但是可以请求参照合同约定的租金标准支付房屋占有使用费。

（三）租赁涉及的无形资产的评估确认

租赁合同一般涉及的是动产或不动产，但是，有的动产或不动产附着有无形资产，对此情形，一定要进行价值确认。

（四）租赁期限

法律规定租赁期限不得超过二十年。超过二十年的，超过部分无效。租赁期间届满，当事人可以续订租赁合同，但约定的租赁期限自续订之日起不得超过二十年。租赁期限六个月以上的，应当采用书面形式。当事人未采用书面形式的视为不定期租赁。

（五）租赁担保与租赁物返还

租赁合同期限届满，没有按约定返还租赁物也是租赁纠纷的常见情形，为此，租赁担保就是保障合同顺利履行的必要约定。

租赁期间产生的装修、装饰、维护、维修等费用，务必在合同中约定费用的承担方式，以避免返还时因此发生纠纷。

（六）优先权与买卖不破租赁

法律规定，承租期限届满，房屋承租人享有以同等条件优先承租租赁物的权利。在租赁期限内，出租人出卖租赁房屋的，应当在出卖之前的合理期限内通知承租人，承租人享有以同等条件优先购买的权利。但可以约定承租人放弃优先承租权。

（七）租赁纠纷的常见形态

承租人拖欠租金；承租人擅自转租或改变房屋结构、使用功能；拆迁或改建等；出租物存在质量问题；出租人单方提前终止合同；租赁期内租赁物所有权变动引起等。

案例参考

基本案情

承租人王某租赁出租人袁某的房屋，后袁某将该房屋出售给张某，张某取得房屋产权证。张某在房屋张贴通知，要求王某与其办理交接事宜。王某回复张某，要求其与原房主袁某沟通。协商未果，张某将房屋门锁更换。王某以房屋被提前收回为由向袁某、张某主张违约金。

裁判结果

法院生效判决认为，租赁物在租赁期间发生所有权变动的，不影响租赁合同的效力。张某在取得涉案房屋所有权之后，虽然没有与原承租人重新签订租赁合同，但袁某就涉案房屋签订的租赁合同对张某具有约束力,张某在取得涉案房屋所有权之时即与原承租人之间成立了租赁合同关系。张某更换涉案房屋门锁,导致王某的合同目的无法实现,已构成违约。王某要求张某承担相当于一个月租金的违约金,数额并未过高,且符合合同约定,应予支持。

> **思 考**
>
> 《民法典》第七百二十五条规定,租赁物在承租人按照租赁合同占有期限内发生所有权变动的,不影响租赁合同的效力。"买卖不破租赁"是一项重要的民事法律规则。新的产权人采取换锁等方式以行为表明不继续履行合同,导致承租人无法使用房屋,构成违约,应承担违约责任。

拓展阅读 ▶

《民法典》租赁合同相关条文

实用文书 ▶

土地使用权租赁合同(参考文本)

设备租赁合同(参考文本)

商铺租赁合同(参考文本)

厂房租赁合同(参考文本)

项目四　侵权法律实务

项目概述

在本项目中，我们将了解到什么是侵权，在农村常见的侵权种类有哪些，如果我们的权利受到侵害，如何应对侵权。

任务一　侵权法律基础知识

任务导入

侵权现象在日常生活中非常常见，请思考什么是侵权？你是否遇到过侵权的事情？你又是如何应对的？

知识链接

一、侵权行为

侵权行为是指行为人因过错，侵害了他人的人身、财产和其他合法权益，依法应当承担民事责任的不法行为，以及依照法律的特殊规定，应当承担民事责任的其他侵害行为。

二、一般侵权责任的构成要件

（1）加害行为。行为人实施的加害于被侵权人民事权益的不法行为。
（2）损害事实。被侵权人的人身权利、财产权利及其他利益遭受的不利后果。
（3）因果关系。加害行为和损害事实之间引起和被引起的关系。
（4）主观过错。侵权人的可归责心理状态。

三、侵权责任的归责原则

侵权责任的归责原则是指在行为人的行为致人损害时,根据何种标准和原则确定行为人的侵权责任。

《民法典》确定的侵权责任归责原则包括过错责任原则、无过错责任原则和公平责任原则。其中,过错责任原则还可以划分为一般过错责任原则和过错推定原则。

参考案例

案例1

2021年5月,上小班的幼儿马某在幼儿园上厕所时摔伤,诊断为左股骨干粉碎性骨折,经治疗后恢复良好,但造成各项损失67 000余元。家长因与幼儿园就损失赔偿协商未果,故起诉至法院要求幼儿园赔偿损失,幼儿园是否需要承担责任?

案件分析

马某作为无民事行为能力的幼儿,在幼儿园学习期间受到人身损害,幼儿园应当承担侵权责任。除非幼儿园能够证明其已经尽到了教育、管理职责,否则应当对马某的损失承担赔偿责任。

何为无民事行为能力人?根据法律规定,不满八周岁的未成年人、不能辨认自己行为的成年人为无民事行为能力人。

案例2

赵某系某中学初二学生。某日体育课,赵某在自由练习时,突然加速跑动并落地跳远,致右脚受伤。体育老师赶到现场后,当即通知家长并将赵某送医。后赵某监护人诉至法院要求赔偿,学校是否需要承担责任?

案件分析

赵某系初二学生,属于限制民事行为能力人。根据赵某事发时的年龄及智力状况,应当预见到突然加速跑动、跳跃可能带来的损害后果,故赵某应自行承担较大过错责任。本案中,虽然体育老师已经组织热身、进行安全教育,但未对学生的自由练习活动给予相应管理和在场指导,结合案件实际情况,学校需要承担一定的赔偿责任。

何为限制民事行为能力人?根据法律规定,八周岁以上的未成年人、不能完全辨认自己行为的成年人为限制民事行为能力人。值得注意的是,十六周岁以上不满十八周岁的未成年人,若以自己的劳动收入为主要生活来源,则视为完全民事行为能力人,不属限制民事行为能力人之列。

案例 3

钱某和孙某同为某小学学生。某日课间，钱某、孙某到操场单杠区玩耍，因钱某在单杠上翻转不畅，孙某在钱某脚上推了一下，钱某一时手未抓稳从单杠上摔落，学校及时通知家长并送医，后钱某监护人诉至法院，要求孙某及该小学赔偿相关损失。

法院判决

钱某不遵守学校的单杠使用规定擅自来到单杠区域，在无体育老师及任何保护措施的情况下在单杠上翻转，其应自行承担40%的过错责任。

关于孙某的责任。孙某未遵守学校单杠使用规定，其推钱某脚部的行为系钱某摔落的原因之一，孙某应承担30%的赔偿责任。

关于学校的责任。单杠系教学活动器材，学校按照要求安装单杠、铺设橡塑地板、制定使用规则，事发后及时通知家长并送医，基本尽到教育管理职责，但是学校在课间并未严格执行规定在单杠区巡视，未及时发现学生擅自使用单杠，存在管理瑕疵，学校应承担30%的赔偿责任。

拓展阅读

上文提到，过错责任原则可以划分为一般过错责任原则和过错推定原则。过错推定原则虽然从本质上属过错责任原则，其价值判断标准和责任构成要件也与一般过错责任原则一致。但二者仍存在很大区别：①调整范围不同。一般的过错责任原则调整的侵权行为范围是一般侵权行为，而过错推定责任原则调整的范围不是一般侵权行为，而是一部分特殊侵权行为。②举证责任不同。过错责任原则举证责任由原告承担，而过错推定责任原则在证明主观过错要件上实行举证责任倒置，原告不承担举证责任，而是由被告承担举证责任。③侵权责任形态不同。适用过错责任原则的侵权行为是一般侵权行为，其侵权责任形态是直接责任。而适用过错推定原则的侵权行为是特殊侵权行为，其责任形态是替代责任。

一、一般过错

《民法典》第一千一百六十五条第一款规定，行为人因过错侵害他人民事权益造成损害的，应当承担侵权责任。

一般过错即从社会一般人的角度来看，行为人的行为是否合理。

例如，小红与小绿之前有矛盾，2021年6月9日21时10分许，在小区门口，小红与小绿相遇。小绿对小红进行殴打。小红被打伤，住院治疗7天后出院，花费医疗费4 000余元。小红为维护自己的合法权益，依法提起民事诉讼，要求小绿进行赔偿。

本案即是适用一般过错原则的一个典型案例。

二、过错推定

《民法典》第一千一百六十五条第二款规定，依照法律规定推定行为人有过错，其不能证明自己没有过错的，应当承担侵权责任。

行为人要承担起证明自己没有过错的责任，否则法律就推定行为人主观上具有过错，就要承担损害赔偿责任，这就是"过错推定"。过错推定是从侵害行为中推定行为人有过错，增加了行为人的证明责任，更有利于保护受害一方的利益，将有效地制止侵权行为。

《民法典》关于过错推定的规定有以下情形。

1. 教育机构的过错推定责任

无民事行为能力人在幼儿园、学校或者其他教育机构学习、生活期间受到人身损害的，幼儿园、学校或者其他教育机构应当承担侵权责任；但是，能够证明尽到教育、管理职责的，不承担侵权责任。(《民法典》第一千一百九十九条)

2. 医疗机构过错推定

下列情形，患者有损害的，推定医疗机构有过错：①违反法律、行政法规、规章以及其他有关诊疗规范的规定；②隐匿或者拒绝提供与纠纷有关的病历资料；③遗失、伪造、篡改或者违法销毁病历资料。(《民法典》第一千二百二十二条)

3. 非法占有高度危险物致害责任

非法占有高度危险物造成他人损害的，由非法占有人承担侵权责任。所有人、管理人不能证明对防止非法占有尽到高度注意义务的，与非法占有人承担连带责任。(《民法典》第一千二百四十二条)

4. 动物园动物致人损害

动物园的动物造成他人损害的，动物园应当承担侵权责任；但能够证明尽到管理职责的，不承担责任。(《民法典》第一千二百四十八条)

5. 建筑物、构筑物或者其他设施倒塌、塌陷致害责任

建筑物、构筑物或者其他设施倒塌、塌陷造成他人损害的，由建设单位与施工单位承担连带责任，但是建设单位与施工单位能够证明不存在质量缺陷的除外。(《民法典》第一千二百五十二条)

6. 建筑物、构筑物或者其他设施及其搁置物、悬挂物脱落、坠落致害责任

建筑物、构筑物或者其他设施及其搁置物、悬挂物发生脱落、坠落造成他人损害，所有人、管理人或者使用人不能证明自己没有过错的，应当承担侵权责任。（《民法典》第一千二百五十三条）

7. 堆放物倒塌、滚落或者滑落致害责任

堆放物倒塌、滚落或者滑落造成他人损害，堆放人不能证明自己没有过错的，应当承担侵权责任。（《民法典》第一千二百五十五条）

8. 在公共道路上堆放、倾倒、遗撒妨碍通行的物品致害责任

在公共道路上堆放、倾倒、遗撒妨碍通行的物品造成他人损害的，由行为人承担侵权责任。公共道路管理人不能证明已经尽到清理、防护、警示等义务的，应当承担相应的责任。（《民法典》第一千二百五十六条）

9. 林木致害的责任

因林木折断、倾倒或者果实坠落等造成他人损害，林木的所有人或者管理人不能证明自己没有过错的，应当承担侵权责任。（《民法典》第一千二百五十七条）

10. 公共场所或道路施工致害责任和窨井等地下设施致害责任

在公共场所或者道路上挖掘、修缮安装地下设施等造成他人损害，施工人不能证明已经设置明显标志和采取安全措施的，应当承担侵权责任。窨井等地下设施造成他人损害，管理人不能证明尽到管理职责的，应当承担侵权责任。（《民法典》第一千二百五十八条）

三、无过错责任原则

《民法典》第一千一百六十六条规定，行为人造成他人民事权益损害，不论行为人有无过错，法律规定应当承担侵权责任的，依照其规定。

无过错责任的构成要件一是违法行为；二是损害事实；三是违法行为与损害事实之间具有因果关系。适用无过错责任原则时，无须以行为人主观过错为要件，只要具备以上三个要件，就应当承担侵权责任。在诉讼中，受害方应当举证证明违法行为、损害事实和因果关系三个要件。

《民法典》关于无过错的规定有以下情形。

1. 用人单位责任

（1）法定代表人因执行职务造成他人损害的，由法人承担民事责任。法人承担民事责任后，依照法律或者法人章程的规定，可以向有过错的法定代表人追偿。（《民法典》第六十二条）

（2）用人单位的工作人员因执行工作任务造成他人损害的，由用人单位承担侵权责任。用人单位承担侵权责任后，可以向有故意或者重大过失的工作人员追偿。劳务派遣期间，被派遣的工作人员因执行工作任务造成他人损害的，由接受劳务派遣的用工单位承担侵权责任。（《民法典》第一千一百九十一条）

2. 监护人责任

（1）无民事行为能力人、限制民事行为能力人造成他人损害的，由监护人承担侵权责任。监护人尽到监护职责的，可以减轻其侵权责任。有财产的无民事行为能力人、限制民事行为能力人造成他人损害的，从本人财产中支付赔偿费用；不足部分，由监护人赔偿。（《民法典》第一千一百八十八条）

（2）无民事行为能力人、限制民事行为能力人造成他人损害，监护人将监护职责委托给他人的，监护人应当承担侵权责任；受托人有过错的，承担相应的责任。（《民法典》第一千一百八十九条）

3. 个人劳务关系中的侵权责任

个人之间形成劳务关系，提供劳务一方因劳务造成他人损害的，由接受劳务一方承担侵权责任。（《民法典》第一千一百九十二条第一款）

4. 网络侵权责任

网络用户、网络服务提供者利用网络侵害他人民事权益的，应当承担侵权责任。（《民法典》第一千一百九十四条）

5. 产品生产者、销售者侵权责任

（1）因产品存在缺陷造成他人损害的，生产者应当承担侵权责任。（《民法典》第一千二百零二条）

（2）因产品存在缺陷造成他人损害的，被侵权人可以向产品的生产者请求赔偿，也可以向产品的销售者请求赔偿。（《民法典》第一千二百零三条第一款）

（3）因运输者、仓储者等第三人的过错使产品存在缺陷，造成他人损害的，产品的生产者、销售者赔偿后，有权向第三人追偿。（《民法典》第一千二百零四条）

6. 机动车与非机动车驾驶人、行人之间发生交通事故的侵权责任

《民法典》第一千二百零八条："机动车发生交通事故造成损害的，依照道路交通安全法律和本法的有关规定承担赔偿责任。"

《中华人民共和国道路交通安全法》第七十六条第一款第二项："机动车与非机动车驾驶人、行人之间发生交通事故，非机动车驾驶人、行人没有过错的，由机动车一方承担赔偿责任；有证据证明非机动车驾驶人、行人有过错的，根据过

错程度适当减轻机动车一方的赔偿责任；机动车一方没有过错的，承担不超过百分之十的赔偿责任。"

7. 医疗产品责任、输入不合格的血液致害责任

因药品、消毒产品、医疗器械的缺陷，或者输入不合格的血液造成患者损害的，患者可以向药品上市许可持有人、生产者、血液提供机构请求赔偿，也可以向医疗机构请求赔偿。患者向医疗机构请求赔偿的，医疗机构赔偿后，有权向负有责任的药品上市许可持有人、生产者、血液提供机构追偿。（《民法典》第一千二百二十三条）

8. 污染环境、破坏生态致损的侵权责任

因污染环境、破坏生态造成他人损害的，侵权人应当承担侵权责任。（《民法典》第一千二百二十九条）

9. 因第三人过错污染环境、破坏生态责任

因第三人的过错污染环境、破坏生态的，被侵权人可以向侵权人请求赔偿，也可以向第三人请求赔偿。侵权人赔偿后，有权向第三人追偿。（《民法典》第一千二百三十三条）

10. 高度危险责任的一般规定

从事高度危险作业造成他人损害的，应当承担侵权责任。（《民法典》第一千二百三十六条）

11. 民用核设施、核材料致害责任

民用核设施或者运入运出核设施的核材料发生核事故造成他人损害的，民用核设施的营运单位应当承担侵权责任；但是，能够证明损害是因战争、武装冲突、暴乱等情形或者受害人故意造成的，不承担责任。（《民法典》第一千二百三十七条）

12. 民用航空器致害责任

民用航空器造成他人损害的，民用航空器的经营者应当承担侵权责任；但是，能够证明损害是因受害人故意造成的，不承担责任。（《民法典》第一千二百三十八条）

13. 高度危险物致害责任

占有或者使用易燃、易爆、剧毒、高放射性、强腐蚀性、高致病性等高度危险物造成他人损害的，占有人或者使用人应当承担侵权责任；但是，能够证明损害是因受害人故意或者不可抗力造成的，不承担责任。被侵权人对损害的发生有重大过失的，可以减轻占有人或者使用人的责任。（《民法典》第一千二百

三十九条）

14. 高度危险作业致害责任

从事高空、高压、地下挖掘活动或者使用高速轨道运输工具造成他人损害的，经营者应当承担侵权责任；但是，能够证明损害是因受害人故意或者不可抗力造成的，不承担责任。被侵权人对损害的发生有重大过失的，可以减轻经营者的责任。(《民法典》第一千二百四十条）

15. 遗失、抛弃高度危险物致害责任

遗失、抛弃高度危险物造成他人损害的，由所有人承担侵权责任。所有人将高度危险物交由他人管理的，由管理人承担侵权责任；所有人有过错的，与管理人承担连带责任。(《民法典》第一千二百四十一条）

16. 非法占有高度危险物致害责任

非法占有高度危险物造成他人损害的，由非法占有人承担侵权责任。(《民法典》第一千二百四十二条）

17. 未经许可进入高度危险作业区域的致害责任

未经许可进入高度危险活动区域或者高度危险物存放区域受到损害，管理人能够证明已经采取足够安全措施并尽到充分警示义务的，可以减轻或者不承担责任。(《民法典》第一千二百四十三条）

18. 饲养动物损害责任的一般情形

饲养的动物造成他人损害的，动物饲养人或者管理人应当承担侵权责任；但是，能够证明损害是因被侵权人故意或者重大过失造成的，可以不承担或者减轻责任。(《民法典》第一千二百四十五条）

19. 未对动物采取安全措施损害责任

违反管理规定，未对动物采取安全措施造成他人损害的，动物饲养人或者管理人应当承担侵权责任；但是，能够证明损害是因被侵权人故意造成的，可以减轻责任。(《民法典》第一千二百四十六条）

20. 禁止饲养的危险动物致害责任

禁止饲养的烈性犬等危险动物造成他人损害的，动物饲养人或者管理人应当承担侵权责任。(《民法典》第一千二百四十七条）

21. 遗弃、逃逸动物致害责任

遗弃、逃逸的动物在遗弃、逃逸期间造成他人损害的，由动物原饲养人或者管理人承担侵权责任。(《民法典》第一千二百四十九条）

四、公平责任原则

《民法典》第一千一百八十六条规定，受害人和行为人对损害的发生都没有过错的，依照法律的规定由双方分担损失。

例如，见义勇为中受益人对受害人的补偿责任适用的就是公平责任原则。

实用文书

民事起诉状（模板）

任务二　农村常见侵权种类

任务导入

上一个任务我们对侵权行为及后果做了基本的了解,那么在农村常见的侵权行为有哪些呢?相关的法律又是如何规定的呢?

知识链接

一、动物侵权

在农村中,大多数村民家中都会饲养一些动物,其中容易产生动物侵权的是看家护院的狗和抓老鼠的猫。狗和猫的饲养人和管理人如果忽视针对狗猫的管理措施,在一定程度上提高了狗猫致人损害的风险。而一旦因此发生涉犬猫类侵权损害,则狗猫饲养人或者管理人依法应承受自己管理不善的行为所带来的损害后果。

1.《民法典》的规定

第一千二百四十五条:饲养的动物造成他人损害的,动物饲养人或者管理人应当承担侵权责任;但是,能够证明损害是因被侵权人故意或者重大过失造成的,可以不承担或者减轻责任。

第一千二百四十六条:违反管理规定,未对动物采取安全措施造成他人损害的,动物饲养人或者管理人应当承担侵权责任;但是,能够证明损害是因被侵权人故意造成的,可以减轻责任。

第一千二百四十七条:禁止饲养的烈性犬等危险动物造成他人损害的,动物饲养人或者管理人应当承担侵权责任。

第一千二百四十九条:遗弃、逃逸的动物在遗弃、逃逸期间造成他人损害的,由动物原饲养人或者管理人承担侵权责任。

2.《中华人民共和国动物防疫法》的规定

第十七条:饲养动物的单位和个人应当履行动物疫病强制免疫义务,按照强制免疫计划和技术规范,对动物实施免疫接种,并按照国家有关规定建立免疫档案、加施畜禽标识,保证可追溯。

实施强制免疫接种的动物未达到免疫质量要求,实施补充免疫接种后仍不符合免疫质量要求的,有关单位和个人应当按照国家有关规定处理。

用于预防接种的疫苗应当符合国家质量标准。

第三十条：单位和个人饲养犬只，应当按照规定定期免疫接种狂犬病疫苗，凭动物诊疗机构出具的免疫证明向所在地养犬登记机关申请登记。

携带犬只出户的，应当按照规定佩戴犬牌并采取系犬绳等措施，防止犬只伤人、疫病传播。

街道办事处、乡级人民政府组织协调居民委员会、村民委员会，做好本辖区流浪犬、猫的控制和处置，防止疫病传播。

县级人民政府和乡级人民政府、街道办事处应当结合本地实际，做好农村地区饲养犬只的防疫管理工作。

饲养犬只防疫管理的具体办法，由省、自治区、直辖市制定。

二、建房侵权

在农村，雇人干活非常普遍。在干活的过程中，经常会出现被雇佣人受伤或者导致其他人受伤的情况。随着生活水平的不断改善，农村新建、改建、增建房屋的数量逐年增加，但农村建房市场基本上是农民个体建筑队，农村建房安全事故频发，由此引起的人身损害赔偿纠纷也随之增加。

农村建房人身损害纠纷可归纳为以下原因：一是法治观念淡薄，房主没有资质选任意识，农村建房过程中劳务关系不明确且多为口头约定；二是大多建房工匠没有相应资质、操作不规范；三是施工人安全意识淡薄、监督管理缺失。

1.《村庄和集镇规划建设管理条例》

第二十一条第一款规定：在村庄、集镇规划区内，凡建筑跨度、跨径或者高度超出规定范围的乡（镇）村企业、乡（镇）村公共设施和公益事业的建筑工程，以及二层（含二层）以上的住宅，必须由取得相应的设计资质证书的单位进行设计，或者选用通用设计、标准设计。

第二十三条规定：承担村庄、集镇规划区内建筑工程施工任务的单位，必须具有相应的施工资质等级证书或者资质审查证书，并按照规定的经营范围承担施工任务。

在村庄、集镇规划区内从事建筑施工的个体工匠，除承担房屋修缮外，须按有关规定办理施工资质审批手续。

2.《最高人民法院关于审理人身损害赔偿案件适用法律若干问题的解释》

第十一条第二款规定：雇员在从事雇佣活动中因安全生产事故遭受人身损害，发包人、分包人知道或者应当知道接受发包或者分包业务的雇主没有相应资质或者安全生产条件的，应当与雇主承担连带赔偿责任。

3.《民法典》

第一千一百九十二条第一款规定：个人之间形成劳务关系，提供劳务一方因劳务造成他人损害的，由接受劳务一方承担侵权责任。接受劳务一方承担侵权责任后，可以向有故意或者重大过失的提供劳务一方追偿。提供劳务一方因劳务受到损害的，根据双方各自的过错承担相应的责任。

第一千一百九十三条规定：承揽人在完成工作过程中造成第三人损害或者自己损害的，定作人不承担侵权责任。但是，定作人对定作、指示或者选任有过错的，应当承担相应的责任。

三、机动车侵权

随着农村经济条件的改善和发展，车辆持有量大幅增长，但是由于一些农村地区道路通行条件和交通环境较差，驾驶人交通意识淡薄、规则意识不强，导致道路交通事故时有发生。

主要法律法规如下。

《民法典》第一千二百零八条至第一千二百一十七条。

《中华人民共和国道路交通安全法》（2021年修正）。

《最高人民法院关于审理人身损害赔偿案件适用法律若干问题的解释》（2022年修正）。

《最高人民法院关于审理道路交通事故损害赔偿案件适用法律若干问题的解释》（2020年修正）。

《最高人民法院关于确定民事侵权精神损害赔偿责任若干问题的解释》（2020年修正）。

参考案例

案例1：饲养动物造成他人人身损害引起的纠纷

2024年4月23日，王某骑电动车经过闫某家门口时，被闫某饲养的狗追逐撕咬，导致王某骑车时摔倒受伤。王某随即报警，派出所出警了解情况，并电话通知闫某将狗拴在自家院内，闫某向原告王某转款500元用于就医检查。经医院检查，王某右侧第四肋骨骨折，检查费408元；经医嘱住院6天，好转出院；花费医疗费1 688.93元。2024年5月10日，王某遵医嘱复查花费196元；复印费11元。王某要求闫某进行赔偿，双方未达成一致意见，王某向法院提起诉讼。

法院认为，闫某作为动物的饲养者，理应对饲养的动物采取必要的安全隔离措施，避免造成他人损害结果发生;闫某未尽到安全管理责任,造成其饲养的狗在公共道路上追逐撕咬王某,导致其摔倒受伤的结果;闫某应承担侵权责任。判决:闫某向王某赔偿损失3 558.93元。

案例2:饲养动物造成他人经济损害引起的纠纷

杨某系饲养牛群的农户,蔡某承包了周边乡镇的土地来种植农作物。2022年2月,杨某放养自己的牛群时,其中15头牛进入蔡某承包种植的农作物地,对部分农作物进行了踩踏,并造成了一定程度的损失。事发后,蔡某向当地派出所报案,派出所调解后无果,蔡某将杨某诉至法院,要求杨某赔偿因其饲养牛群踩踏农作物地所造成的经济损失。

法院认为,杨某饲养的牛群踩踏了蔡某承包种植的农作物地,蔡某承包的农作物地的损失与杨某饲养的牛群之间具有直接的因果关系。杨某未对其饲养的牛群进行妥善管束,未将牛群与农作物地保持一定的安全距离,导致牛群踩踏蔡某所承包的农作物地,杨某应当赔偿蔡某农作物地所遭受的损失。最后,承办法官在原、被告双方调解意见的基础上,综合原、被告提供的证据材料,结合案涉农作物地受损情况、农作物市场价格行情等因素,作出被告杨某依法赔偿原告蔡某经济损失5 000元的判决。

案例3:饲养危险动物造成他人损害引起的纠纷

于某骑电动三轮车沿村内东西主干道由东往西行驶时,遭到何某饲养的两条黑色大型犬追赶。于某因此精神高度紧张,躲避大型犬追赶时碰撞路边停放的车辆,导致于某翻车并伤及头部、右下肢等部位。后经医院治疗,诊断为头部外伤、多发软组织损伤。于某向人民法院起诉,要求何某向其赔礼道歉并支付医药费、误工费、护理费、住院伙食补助费、精神损害抚慰金等经济损失。何某则认为当时于某也携带小犬,并且没有对其做好监护管理。事发过程系犬类追逐,而于某翻车属于车祸,不是何某造成。

法院认为,饲养的动物造成他人损害的,动物饲养人或者管理人应当承担侵权责任,但能证明损害是因被侵权人故意或者重大过失造成的,可不承担或者减轻责任。违反管理规定,未对动物采取安全措施造成他人损害的,动物饲养人或者管理人应当承担侵权责任,但能证明损害是因被侵权人故意造成的可减轻责任。禁止饲养的烈性犬等危险动物造成他人损害的,动物饲养人或者管理人应当承担侵权责任。

何某赔偿于某医疗费、住院伙食补助费、误工费、护理费、交通费等各项损失共计8 675.32元。

案例 4：建房引起的纠纷

2010 年，小王口头约定将位于农村的自建房屋以包工包料的方式承包给小罗。小罗雇佣张三为其提供劳务，在施工过程中，张三不慎被掉落的模板砸伤，构成十级伤残，遂将小王、小罗诉至法院。

法院认为，小王作为房屋屋主，与小罗之间构成承揽关系，作为定作人对房屋施工过程中的安全负有监督义务，同时，其将两层以上的农村自建房屋承包给没有建筑施工资质的小罗，在选任建筑承包人上存在过失，应承担部分责任。

小罗与张三之间构成劳务关系，小罗作为接受劳务一方，其本人没有相应建筑施工资质，在雇请张三进行施工时，亦未审查张三是否具有建筑施工资质，也未对张三进行相关培训、指导，在施工过程中亦未尽到安全提示和监督管理义务，存在一定过错，应承担相应责任。

张三在提供劳务过程中，未佩戴安全帽、未系安全绳，未尽到审慎注意义务，其疏忽大意是造成其受伤的原因之一，其自身应该承担相应的过错责任。

根据各自过错的情况，故判决小王承担 20% 责任，小罗承担 60% 责任，张三自行承担 20% 责任。

案例 5：交通事故引起的纠纷

2020 年 6 月 10 日 14 时 55 分，吴某驾驶小型客车在村道交叉路口，因超速行驶与杜某驾驶的二轮电动车相撞，导致两车受损、杜某受伤及电动车搭乘人廖某受伤后经抢救无效死亡。公安局交通警察支队认定吴某、杜某承担同等责任。

2020 年 6 月 11 日，吴某与廖某家属签订《丧葬协议》，预付赔偿金 4 万元，并约定该款项从后续赔偿总额中扣除。

吴某系国际旅行社（经营范围包括"国内旅游业务"等）的法定代表人。小型客车系被告吴某所有，小型客车行驶证上的注册日期和发证日期均为 2018 年 2 月 9 日。吴某于 2018 年的夏天，通过"绥宁县艺海广告"，小型客车车身喷印了"德乐旅行社 德行天下"的字样。

2020 年 4 月 6 日，吴某为其所有的小型客车向中国人寿财产保险股份有限公司投保交强险、商业第三者责任险（责任限额 100 万元）等保险，保险期为 2020 年 4 月 7 日至 2021 年 4 月 6 日，保险公司已验车并确认。

2020 年 9 月 28 日保险公司以被保险车辆存在转让、改装或改变使用性质且未及时通知保险公司，导致危险程度显著增加为由，出具《保险拒赔通知书》拒绝赔付。

廖某的家属起诉吴某、杜某、保险公司要求赔偿。

一审判决：被告中国人寿财产保险股份有限公司长沙市中心支公司在交强险限额内向原告高某某、廖福强、廖美华赔偿102 707元；被告中国人寿财产保险股份有限公司娄底市中心支公司在商业三者险限额内向原告高某某、廖福强、廖美华赔偿139 875.9元，其中，支付给原告高某某、廖福强、廖美华102 089.9元，支付给垫付人即被告吴某某37 786元。

拓展阅读

一、在处理动物侵权案件中，需要厘清的关系

1. 饲养动物的认定标准

《民法典》对于饲养动物的类型化表述可分为"一般动物"和"危险动物"。从字面含义理解，对动物的饲养系指特定人通过提供食物、处所对动物进行培育驯养和控制的行为。饲养行为以向动物提供稳定的食物来源和较为固定的场所为判断标准，应具有持续性。但针对流浪猫、流浪狗等收留行为及动物短暂脱离饲养状态（遗弃、逃逸等），只要具备稳定的食物来源或较为固定场所之一，使得可能回归野生状态的动物依然处于一定程度的饲养、管理之下，仍应认定为饲养的动物。而在野生环境生存和繁殖的野生动物及已遗弃、逃逸且无法确定原饲养人或者管理人的动物，并不处于人类社会的管控、饲养状态之下，故不属于饲养动物致害责任的饲养动物范围。

2. 饲养动物的饲养人、管理人

饲养的动物由特定人培育和控制，其饲养人可以是动物的所有人、占有人、保管人；管理人是对动物进行长期或短暂控制的人。饲养人或管理人对其饲养的动物具有支配和管理地位。饲养动物致害责任，实质上亦是其饲养人或者管理人应避免他人的人身、财产及精神状态免受损害而负有控制危险来源的责任。

3. 饲养动物的加害行为

饲养动物的加害行为系指客观发生了饲养动物损害他人的行为。饲养动物致害责任中的加害行为并非仅仅是动物直接的致害行为，而是人的行为与动物的行为的复合，其中人的行为是指人对动物的所有、占有、饲养或者管理行为，两者结合方能够认定侵权行为。若饲养的动物被饲养人或者管理人作为侵权的工具和手段而产生的侵权责任，则不应认定为饲养动物致害责任，如以动物掷人、运送动物跌落致害、高空坠动物致害等。这类情形中动物与物件、物品无异，非饲养动物本身危险性的体现。

只要属于饲养人或者管理人应尽监督管理义务的饲养动物，如其缺乏必要安全措施或管控行为，导致间接性加害行为，比如嘶叫、跳跃、挑衅等非接触性行为和危险动作，导致被侵权人产生心理恐惧而发生的损害后果。这种情形下饲养动物虽与受害人没有直接接触，但动物的行为与损害后果亦存在因果关系，故应界定为饲养动物加害行为。

4. 饲养动物加害行为造成的损害后果

饲养动物加害行为的损害后果通常指因饲养动物加害而遭受的财产损害和人身损害。

5. 饲养动物加害行为与损害结果之间的因果关系

饲养动物加害行为与损害结果之间具有因果关系，是指饲养动物的加害行为与受害人遭受损害的损害后果之间具有引起和被引起的关系。如果受害人的损害后果与饲养动物的加害行为之间不存在因果关系，那么就不能构成损害责任。

6. 饲养动物致害的归责原则

不同的情形所适用的责任归责原则不同。

二、村民雇人建房引发的侵权纠纷

房主甲与工匠乙签订《施工协议》，约定房主甲将其位于某村的三层楼房发包给工匠乙建造，工匠乙雇佣丙为其施工。工匠乙无村镇建筑施工资质。丙在施工过程中，施工场地未搭建安全防护网，未系安全绳。丙摔下导致丁受伤，丙自己也受伤。

丁要求甲、乙、丙三人承担赔偿责任；丙受伤，要求甲、乙承担赔偿责任，谁应当承担赔偿责任？从以下方面进行考虑。

1. 房主在选任施工人员时是否有过错

自建三层（含三层）以上房屋需要建筑资质，受《中华人民共和国建筑法》规制，是建设工程施工合同关系。若房主未按规定办理建房手续，将工程发包给无资质者施工，则房主存在选任过失，需要承担过错责任。

自建两层（含两层）以下低层住宅且包工包料，一般认定为承揽合同关系。一般情况下，具有农村建筑工匠资格的人员或具有当地一般工匠水平的人员可认定为具有承揽资质。如房主在没有定作、指示或者选任过失的情况下，一般不承担赔偿责任。

自建两层（含两层）以下底层住宅且包工不包料的，即"包清工"，房主在整个施工过程中发挥指挥、监督和管理的作用，对施工人起实际控制和支配的作用，一般认定为劳务合同关系。施工者因提供劳务造成他人损害的，由接受劳务一方即房东承担侵权责任。提供劳务一方因劳务自己受到损害的，则根据双方各自的过错承担相应责任。

2. 承包人的责任

工程的承包人，是施工现场的组织指挥、监督协调者，也是安全风险的管控者，作为接受劳务的一方，未尽到安全管理义务以及提供安全生产条件等保障义务，事故的发生存在过错，其应当承担责任。

3. 雇员是否有故意或重大过失

雇员因故意或者重大过失致人损害的，雇主承担责任后可向雇员追偿。也就是说，基于雇员与雇主之间特殊的人身、利益关系，雇员在轻微过失时一般不承担责任，只有在有重大过失和故意时才承担责任。

上述案例中，房东甲将三层楼房发包给不具备资质的工匠乙修建，双方的关系是建设工程发（承）包关系，施工过程中造成丁人身损害，应当承担侵权责任并赔偿损失。

工匠乙作为工程的承包人，是施工现场的组织指挥、监督协调者，也是安全风险的管控者，事故的发生主要是因其管控不到位，存在较大过错，应承担责任。

行为人丙虽然是工匠乙的雇员，但其在施工中缺乏安全防范意识，在未搭建安全防护网、未系安全绳的情况下不规范操作从而坠落造成损害，也有一定过错，亦应承担一定的责任。

三、机动车交通事故责任

随着农村经济条件的改善和发展，车辆数量大幅增长，但是一些农村地区道路通行条件和交通环境较差，驾驶人交通意识淡薄、规则意识不强，导致道路交通事故时有发生。

（一）机动车发生交通事故造成人身伤亡、财产损失，保险公司、肇事者的责任应分别如何承担

保险赔偿遵循先强制后商业的赔偿顺序，先由保险公司在交强险责任限额范围内予以赔偿。超过责任限额的部分，如果已经投保了商业三责险，则由保险公司按照商业三责险合同内容进行理赔，超出商业三责险的部分由个人承担；如果没有投保商业三责险，则剩余部分在事故责任范围内由个人承担。

（二）交强险和商业三责险的责任限额及赔偿范围分别是多少

1. 交强险责任限额及赔偿范围

机动车交通事故责任强制保险是由保险公司对被保险机动车发生道路交通事故造成受害人（不包括本车人员和被保险人）的人身伤亡、财产损失，在责任限额内予以赔偿的强制性责任保险。

被保险机动车在道路交通事故中有责任的赔偿限额为：死亡伤残赔偿限额180 000元人民币；医疗费用赔偿限额18 000元人民币；财产损失赔偿限额2 000元人民币。

被保险机动车在道路交通事故中无责任的赔偿限额为：死亡伤残赔偿限额18 000元人民币；医疗费用赔偿限额1 800元人民币；财产损失赔偿限额100元人民币。

死亡伤残赔偿限额和无责任死亡伤残赔偿限额项下负责赔偿丧葬费、死亡补偿费、受害人亲属办理丧葬事宜支出的交通费用、残疾赔偿金、残疾辅助器具费、护理费、康复费、交通费、被扶养人生活费、住宿费、误工费、被保险人依照法院判决或者调解承担的精神损害抚慰金。

医疗费用赔偿限额和无责任医疗费用赔偿限额项下负责赔偿医药费、诊疗费、住院费、住院伙食补助费，必要的、合理的后续治疗费、整容费、营养费。

2. 商业三责险责任限额

商业三责险的责任限额根据保险费率和双方约定确定。

（三）机动车未投保交强险时如何处理

未依法投保交强险的机动车发生交通事故造成损害，当事人请求投保义务人在交强险责任限额范围内予以赔偿的，人民法院应予支持。

（四）无证驾驶、醉酒驾驶机动车发生交通事故所产生的损失，交强险应否赔偿

《机动车交通事故责任强制保险条款》第九条规定，被保险机动车在本条（一）至（四）之一的情形下发生交通事故，造成受害人受伤需要抢救的，保险人在接到公安机关交通管理部门的书面通知和医疗机构出具的抢救费用清单后，按照国务院卫生主管部门组织制定的交通事故人员创伤临床诊疗指南和国家基本医疗保险标准进行核实。对于符合规定的抢救费用，保险人在医疗费用赔偿限额内垫付。被保险人在交通事故中无责任的，保险人在无责任医疗费用赔偿限额内垫付。对于其他损失和费用，保险人不负责垫付和赔偿。（一）驾驶人未取得驾驶资

格的;(二)驾驶人醉酒的;(三)被保险机动车被盗抢期间肇事的;(四)被保险人故意制造交通事故的。对于垫付的抢救费用,保险人有权向致害人追偿。

(五)租赁、借用他人机动车发生交通事故责任如何承担

因租赁、借用等情形机动车所有人、管理人与使用人不是同一人时,发生交通事故造成损害,属于该机动车一方责任的,由机动车使用人承担赔偿责任;机动车所有人、管理人对损害的发生有过错的,承担相应的赔偿责任。

(六)转让并交付但未办理登记的机动车发生交通事故责任如何承担

当事人之间已经以买卖或者其他方式转让并交付机动车但是未办理登记,发生交通事故造成损害,属于该机动车一方责任的,由受让人承担赔偿责任。

(七)挂靠机动车发生交通事故责任如何承担

以挂靠形式从事道路运输经营活动的机动车,发生交通事故造成损害,属于该机动车一方责任的,由挂靠人和被挂靠人承担连带责任。

(八)擅自驾驶他人机动车交通事故责任如何承担

未经允许驾驶他人机动车,发生交通事故造成损害,属于该机动车一方责任的,由机动车使用人承担赔偿责任;机动车所有人、管理人对损害的发生有过错的,承担相应的赔偿责任,但是本章另有规定的除外。

(九)拼装车、报废车交通事故责任如何承担

以买卖或者其他方式转让拼装或者已经达到报废标准的机动车,发生交通事故造成损害的,由转让人和受让人承担连带责任。

(十)盗抢机动车交通事故责任如何承担

盗窃、抢劫或者抢夺的机动车发生交通事故造成损害的,由盗窃人、抢劫人或者抢夺人承担赔偿责任。盗窃人、抢劫人或者抢夺人与机动车使用人不是同一人,发生交通事故造成损害,属于该机动车一方责任的,由盗窃人、抢劫人或者抢夺人与机动车使用人承担连带责任。

保险人在机动车强制保险责任限额范围内垫付抢救费用的,有权向交通事故责任人追偿。

(十一)驾驶人逃逸责任如何承担

机动车驾驶人发生交通事故后逃逸,该机动车参加强制保险的,由保险人在

机动车强制保险责任限额范围内予以赔偿；机动车不明、该机动车未参加强制保险或者抢救费用超过机动车强制保险责任限额，需要支付被侵权人人身伤亡的抢救、丧葬等费用的，由道路交通事故社会救助基金垫付。道路交通事故社会救助基金垫付后，其管理机构有权向交通事故责任人追偿。

（十二）好意同乘的责任如何承担

非营运机动车发生交通事故造成无偿搭乘人损害，属于该机动车一方责任的，应当减轻其赔偿责任，但是机动车使用人有故意或者重大过失的除外。

四、无偿帮工人的人身损害侵权

（一）无偿帮工人致人损害，如何承担责任

《最高人民法院关于审理人身损害赔偿案件适用法律若干问题的解释》第四条规定，无偿提供劳务的帮工人，在从事帮工活动中致人损害的，被帮工人应当承担赔偿责任。被帮工人承担赔偿责任后向有故意或者重大过失的帮工人追偿的，人民法院应予支持。被帮工人明确拒绝帮工的，不承担赔偿责任。

（二）无偿帮工人受伤，如何承担责任

《最高人民法院关于审理人身损害赔偿案件适用法律若干问题的解释》第五条规定，无偿提供劳务的帮工人因帮工活动遭受人身损害的，根据帮工人和被帮工人各自的过错承担相应的责任；被帮工人明确拒绝帮工的，被帮工人不承担赔偿责任，但可以在受益范围内予以适当补偿。帮工人在帮工活动中因第三人的行为遭受人身损害的，有权请求第三人承担赔偿责任，也有权请求被帮工人予以适当补偿。被帮工人补偿后，可以向第三人追偿。

实用文书

民事答辩状（模板）

任务三 侵权的应对与预防

任务导入

前面两个任务我们了解了什么是侵权，侵权的分类，以及相应的法律责任。那么一旦发生侵权，应当如何应对？法律风险重在预防，应当如何预防？

知识链接

一般而言，农村侵权导致人身损害的处理基本流程大致为：报警→就医→协商→鉴定→和解→准备证据→诉讼。

一、报警

人身损害事故发生后，建议第一时间报警，警方会作出报案记录和询问笔录，证明事故发生的时间、地点、侵权方与受害人。

二、就医期间、出院后复查均需要保留好证据

受害人出院时应从医院带好以下原件材料。

（1）住院病案（可以在出院后到医院病案室复印）。

（2）住院期间拍摄的片子。

（3）出院诊断证明书。

（4）住院期间所支付的医疗费发票及明细清单。

受害人出院时应当要求医生在诊断证明书或是出院证明上注明下列事项，这些事项非常关键，涉及以后主张赔偿数额的多少或者有无。

（1）住院期间以及出院后需要多少人进行护理？护理多长时间？关系到护理费的计算。

（2）出院后需要休息多长时间？关系到误工费的计算。

（3）住院期间及出院后需要提供加强营养的证明。涉及营养费的计算。

（4）后续医疗费，如二次手术需要多少费用？关系到二次手术费的计算。

伤者出院后，往往要进行复查、换药、服药等治疗，出院后要注意取得、保留下列证据。

（1）医疗费发票、用药明细、清单、处方等。

（2）每次诊断时带好病历本，请医生进行记录。

（3）请医务人员出具诊断证明书，尽量注明休息、护理、加强营养等内容。

三、协商

如果伤情轻微或者对方态度积极，能够及时支付医疗费等损失，双方可以自行协商或者找村委会等组织协商解决。

四、伤残鉴定

在人身损害案件中，是否构成伤残、构成几级伤残会极大影响到赔偿数额。我国的伤残级别被划分为10个级别，从一级到十级。其中一级最为严重，十级最为轻微。

《人体损伤致残程度分级》规定，鉴定时机应在原发性损伤及其与之确定有关联的并发症治疗终结或者临床治疗效果稳定后进行鉴定。所以建议在伤情稳定后向具备资质的机构咨询是否可以做伤残鉴定。

五、和解

鉴定结果出来后，赔偿的金额大致已经明确，此时各方可以进行协商，如果达成一致，建议签订书面的和解协议。

六、准备证据、诉讼

如果达不成一致意见，可以向管辖法院提起诉讼。

实践要点

一、如何确定赔偿数额

（一）死亡赔偿金

死亡赔偿金按照受诉法院所在地上一年度城镇居民人均可支配收入标准，按二十年计算。但六十周岁以上的，年龄每增加一岁减少一年；七十五周岁以上的，按五年计算。计算公式如下。

（1）≤60周岁：受诉法院所在地上一年度城镇居民人均可支配收入（元/年）× 20（年）。

（2）60~75周岁：受诉法院所在地上一年度城镇居民人均可支配收入（元/年）× [20-（实际年龄-60）]（年）。

（3）≥75 周岁：受诉法院所在地上一年度城镇居民人均可支配收入（元／年）× 5（年）。

（二）丧葬费

按照受诉法院所在地上一年度职工月平均工资标准，以 6 个月总额计算。计算公式为：受诉法院所在地上一年度职工月平均工资（元／月）×6（月）。

（三）残疾赔偿金

残疾赔偿金根据受害人丧失劳动能力程度或者伤残等级，按照受诉法院所在地上一年度城镇居民人均可支配收入标准，自定残之日起按二十年计算。但六十周岁以上的，年龄每增加一岁减少一年；七十五周岁以上的，按五年计算。

残疾赔偿金根据受害人丧失劳动能力或伤残等级确定；伤残等级共划分为 10 级，伤残系数从第 1 级（100%）到第 10 级（10%）每级相差 10%。计算公式如下。

（1）≤60 周岁：受诉法院所在地上一年度城镇居民人均可支配收入（元／年）× 20（年）× 伤残等级 × 伤残赔偿系数。

（2）60～75 周岁：受诉法院所在地上一年度城镇居民人均可支配收入（元／年）× ［20－（实际年龄 －60）］（年）× 伤残等级 × 伤残赔偿系数。

（3）≥75 周岁：受诉法院所在地上一年度城镇居民人均可支配收入（元／年）×5（年）× 伤残等级 × 伤残赔偿系数。

（四）医药费

医疗费根据医疗机构出具的医药费、住院费等收款凭证，结合病历和诊断证明等相关证据确定。赔偿义务人对治疗的必要性和合理性有异议的，应当承担相应的举证责任。

医疗费的赔偿数额，按照一审法庭辩论终结前实际发生的数额确定。器官功能恢复训练所必需的康复费、适当的整容费以及其他后续治疗费，赔偿权利人可以待实际发生后另行起诉。但根据医疗证明或者鉴定结论确定必然发生的费用，可以与已经发生的医疗费一并予以赔偿。

计算公式为医疗机构出具的医药费、治疗费等收款凭证所载费用之和。

（五）误工费

误工费根据受害人的误工时间和收入状况确定。

误工时间根据受害人接受治疗的医疗机构出具的证明确定。受害人因伤致残持续误工的，误工时间可以计算至定残日前一天。

受害人有固定收入的，误工费按照实际减少的收入计算。受害人无固定收入的，按照其最近三年的平均收入计算；受害人不能举证证明其最近三年的平均收入状况的，可以参照受诉法院所在地相同或者相近行业上一年度职工的平均工资计算。计算公式如下。

（1）A类：受害人有固定收入。按实际减少的收入计算赔偿。

（2）B类：受害人无固定收入（受害人能举证证明其最近三年平均年收入）。最近三年平均年收入（元/年）×误工期限（天）÷365（天）。

（3）C类：受害人无固定收入（受害人不能举证证明其最近三年平均年收入）。受诉法院所在地相同或相近行业上一年度职工年平均工资（元/年）×误工期限（天）÷365（天）。

（六）护理费

护理费根据护理人员的收入状况和护理人数、护理期限确定。

护理人员有收入的，参照误工费的规定计算；护理人员没有收入或者雇佣护工的，参照当地护工从事同等级别护理的劳务报酬标准计算。护理人员原则上为一人，但医疗机构或者鉴定机构有明确意见的，可以参照确定护理人员人数。

护理期限应计算至受害人恢复生活自理能力时止。受害人因残疾不能恢复生活自理能力的，可以根据其年龄、健康状况等因素确定合理的护理期限，但最长不超过二十年。计算公式如下。

（1）护理人员有收入（参照误工费的规定计算）：护理人员有固定收入，按实际减少的收入计算赔偿。护理人员无固定收入，公式为：最近三年平均年收入（元/年）×误工期限（天）÷365（天）。

（2）护理人员无收入或雇佣护工：当地护工从事同等级别护理的劳务报酬（元/天）×护理期限（天）。

（七）营养费

营养费根据受害人伤残情况参照医疗机构的意见确定。计算公式为：营养期×营养费标准。

营养费标准：各地区的赔偿标准不一样，需要根据当地的经济发展水平和生活水平确定。

营养费需要经过鉴定或者有相关医嘱（如加强营养）并实际支出才有可能获得赔偿，如果购买了营养品，可提供相关票据凭证，或由法院酌情裁量。

（八）交通费

交通费根据受害人及其必要的陪护人员因就医或者转院治疗实际发生的费用计

算。交通费应当以正式票据为凭;有关凭据应当与就医地点、时间、人数、次数相符合。

(九)住院伙食补助费

(1)可以参照当地国家机关一般工作人员的出差伙食补助标准予以确定。

(2)受害人确有必要到外地治疗,因客观原因不能住院,此时住院伙食补助费还包括受害人及其陪护人员实际发生的住宿费和伙食费。

(十)残疾辅助器具费

按照普通适用器具的合理费用标准计算。伤情有特殊需要的,可以参照辅助器具配制机构的意见确定相应的合理费用标准。

辅助器具的更换周期和赔偿期限参照配置机构的意见确定。

(十一)被扶养人生活费

被扶养人生活费根据扶养人丧失劳动能力程度,按照受诉法院所在地上一年度城镇居民人均消费支出标准计算。被扶养人为未成年人的,计算至十八周岁;被扶养人无劳动能力又无其他生活来源的,计算二十年。但六十周岁以上的,年龄每增加一岁减少一年;七十五周岁以上的,按五年计算。被扶养人是指受害人依法应当承担扶养义务的未成年人或者丧失劳动能力又无其他生活来源的成年近亲属。被扶养人还有其他扶养人的,赔偿义务人只赔偿受害人依法应当负担的部分。被扶养人有数人的,年赔偿总额累计不超过上一年度城镇居民人均消费支出额。计算公式如下。

(1)≤18周岁:受诉法院所在地上一年度城镇居民人均消费性支出(元/年)×(18-实际年龄)÷扶养人数×伤残赔偿指数。

(2)≤60周岁,被抚养人无劳动能力又无其他生活来源:受诉法院所在地上一年度城镇居民人均消费性支出(元/年)×20(年)÷扶养人数×伤残赔偿指数。

(3)60~75周岁:受诉法院所在地上一年度城镇居民人均消费性支出(元/年)×[20-(实际年龄-60)](年)÷扶养人数×伤残赔偿指数。

(4)≥75周岁:受诉法院所在地上一年度城镇居民人均消费性支出(元/年)×5(年)÷扶养人数×伤残赔偿指数。

备注:受害人死亡的伤残赔偿指数看作1计算。

(十二)精神损害抚慰金

根据侵权人的过错程度、侵害手段、场合、行为方式、侵权行为造成的后果、侵权人的获利情况、侵权人经济赔偿能力、受诉法院所在地平均生活水平等因素确定。

（十三）财产损失

根据估损清单及相应财产有效凭证主张损失（包括车辆维修、施救损失；车载货物损失；经营车辆停运损失；非经营车辆替代支出的交通费等）。

参考案例

案例：侵权导致人身损害引发的赔偿金额纠纷

2024年2月28日，李四驾驶车牌号为云ＣＣ****的小型轿车行驶至五孔桥300米处时，与张三所骑行的云Ｃ4****号电动自行车发生碰撞，造成张三受伤。

事故发生后，张三被送往医院住院治疗9天，李四垫付门诊费636.97元，张三自行支付住院费6 750.16元。

另查明，2024年2月29日，交通警察二大队作出《道路交通事故认定书》，认定：当事人李四负主要责任，张三负次要责任。

2024年4月19日，司法鉴定所作出《司法鉴定意见书》，评定为：被鉴定人张三此次肋骨骨折损伤，误工期为120日、护理期为60日，营养期为60日。

该鉴定所并出具《关于崔某章交通事故后续诊疗项目的意见书》，载明：2024年2月28日，张三因交通事故致肋骨骨折、肺挫伤、胸部挫伤等多处损伤。

经治疗，后续需进行预防肺部感染、促进骨质愈合、定期复查等诊疗项目。参照《云南省非营利性医疗服务价格收费标准》及昭通市医疗收费情况，预估性意见：后续医疗费约需4 000元。

张三为此支付鉴定费1 600元。

李四驾驶车牌号为云ＣＣ****号的小型轿车在中国某某财产保险股份有限公司上海市分公司处投有交强险及第三者责任险（限额为200万元），发生事故时尚在保险期限内。

张三将李四及保险公司诉至法院。

法院评判的费用如下。

（1）医疗费，计算为6 750.16+636.97=7 387.13元。

（2）后续治疗费，原告张三提交了鉴定意见书及后续诊疗项目意见，证明其后续治疗费预估为4 000元，但被告李四对此不予认可，且司法鉴定所对相关费用仅为建议，并未予以确定，为保护各方当事人的合法权益及客观性，对原告所主张的后续治疗费不予支持，待原告实际产生之后再另行主张。

（3）住院伙食补助费，计算为100元/天×9天=900元。

（4）护理费，原告主张其住院治疗9天，以及司法鉴定所作出的"护理期60日"

的鉴定结论,故主张69日的护理期,按照每天120元进行计算;而被告保险公司仅认可60日的护理期。

法院认为,张三委托鉴定的司法鉴定所系具备相应资质的鉴定机构,该鉴定所作出的鉴定结论为"张三此次损伤护理期60日",李四现未提供证据予以佐证"护理期的鉴定结论有误",故本院依法确认此次损伤的护理期为60日。

张三受伤后由家人进行护理,其并未提供证据证实"其在护理期实际支付的护理费用"或"其护理人员因护理所造成的经济损失",因此,本院按照《关于印发2024年云南省道路交通事故人身损害赔偿有关费用计算标准的通知》中"2023年全年城镇常住居民人均可支配收入43 563元"计算张三的护理费标准,即43 563÷365=119.4元,计算为:119.4元/天×60天=7 164元。

(5)营养费,因医院作出"需加强营养"的医嘱,且鉴定意见书作出了"营养期为60日"的评定,故张三的营养期为60日,依法计算为:50元/天×60天=3 000元。

(6)误工费,张三主张按照每天300元为标准,计算误工期129天的误工费,但保险公司只认可120日的误工期,并认为标准过高。

本院认为,张三委托鉴定的司法鉴定所作出的鉴定为"张三此次损伤误工期120日",因此,本院依法确认张三此次损伤的误工期为120日。

但因张三所提供证据不足以证明"其在治疗期及恢复期收入的实际受损情况",张三应承担举证不能的法律后果,对张三主张的误工费不予支持;本院按照《关于印发2024年云南省道路交通事故人身损害赔偿有关费用计算标准的通知》中"2023年全年城镇常住居民人均可支配收入43 563元"计算张三的误工费标准,其误工费计算为:119.4元/天×120天=14 328元。

(7)精神抚慰金,张三在本次事故中伤情较轻,且负次要责任,对该诉求,依法不予支持。

(8)鉴定费,因张三提交的鉴定意见书,合法有效,并予以采纳,故该鉴定费1 600元,依法予以支持。

综上,张三因本案事故所造成的经济损失合计为34 379.13元。

法院判决如下。

(1)由被告中国某某财产保险股份有限公司上海市分公司于本判决发生法律效力之日起15日内在机动车交通事故责任强制保险限额内赔偿原告张三医疗费、护理费、鉴定费、误工费等共计33 742.16元(已扣除被告李四垫付的医疗费636.97元);

(2)由被告中国某某财产保险股份有限公司上海市分公司于本判决发生法律效力之日起15日内在机动车交通事故责任强制保险限额内返还被告李四垫付的医疗费636.97元。

拓展阅读

关于人均可支配收入、人均消费支出、行业的平均工资、补助费怎么确定的问题，每年云南省高级人民法院、云南省公安厅都会联合制作《云南省道路交通事故人身损害赔偿有关费用计算标准》，按照计算标准确定赔偿金额。

《2024年云南省道路交通事故人身损害赔偿有关费用的计算标准》具体规定如下。

一、2023年全年城镇居民人均可支配收入43 563元。

二、2023年全年城镇居民人均消费支出28 338元。

三、2023年城镇非私营单位在岗职工平均工资112 908元。

其中：

（一）农、林、牧、渔业在岗职工年平均工资69 667元；

（二）采矿业在岗职工年平均工资105 281元；

（三）制造业在岗职工年平均工资101 748元；

（四）电力、热力、燃气及水的生产和供应业在岗职工年平均工资158 162元；

（五）建筑业在岗职工年平均工资90 314元；

（六）交通运输、仓储和邮政业在岗职工年平均工资117 258元；

（七）信息传输、软件和信息技术服务业在岗职工年平均工资134 406元；

（八）批发和零售业在岗职工年平均工资108 931元；

（九）住宿和餐饮业在岗职工年平均工资54 034元；

（十）金融业在岗职工年平均工资174 438元；

（十一）房地产业在岗职工年平均工资81 747元；

（十二）租赁和商务服务业在岗职工年平均工资68 256元；

（十三）科学研究和技术服务业在岗职工年平均工资130 720元；

（十四）水利、环境和公共设施管理业在岗职工年平均工资68 017元；

（十五）居民服务、修理和其他服务业在岗职工年平均工资51 976元；

（十六）教育业在岗职工年平均工资123 454元；

（十七）卫生和社会工作在岗职工年平均工资125 721元；

（十八）文化、体育和娱乐业在岗职工年平均工资102 088元；

（十九）公共管理、社会保障和社会组织在岗职工年平均工资112 641元。

根据国家"统一城乡居民赔偿标准"的要求，凡在云南省行政区域内发生的道路交通事故，2024年5月1日至2025年4月30日进行损害赔偿调解和审理工作的均按此标准执行（各级人民法院审理其他人身损害赔偿案件亦参照此标准执行）。《最高人民法院关于审理人身损害赔偿案件适用法律若干问题的解释》中涉及的"职工平均工资"参照"城镇非私营单位在岗职工平均工资"进行有关费用计算。损害赔偿的有关事宜同时依照《中华人民共和国民法典》的有关规定执行。见附件1、附件2。

附件1　云南省省级国家机关、事业单位出差住宿费开支标准

级别	省级及相当职务的人员	厅局级及相当职务的人员	其他人员	
每人每天费用	900元	480元	一类地区	380元
			二类地区	330元

注：赴省外出差的，按照财政部公布的中央单位工作人员出差的住宿费限额标准执行。
一类地区：昆明市、大理白族自治州、丽江市、迪庆藏族自治州、西双版纳傣族自治州。
二类地区：昭通市、曲靖市、玉溪市、红河哈尼族彝族自治州、文山壮族苗族自治州、普洱市、楚雄彝族自治州、保山市、德宏傣族景颇族自治州、怒江傈僳族自治州、临沧市。

附件2　云南省省级国家机关、事业单位工作人员出差补助费开支标准

	伙食补助费	市内交通费
每人每天补助	100元	80元

注：赴省外出差的，按照财政部公布的中央单位工作人员出差的伙食补助费标准包干使用。

实用文书

和解协议（模板）

项目五　农村土地法律实务

📋 项目概述

土地作为人类生存与发展的基础资源，其科学分类对于土地资源的合理利用、保护与管理至关重要。农村土地，作为农村经济社会发展的基础与核心资源，既是一种重要的生产资料，承载着亿万农民的生计与梦想，更是国家粮食安全、社会稳定、文化传承及可持续发展的基石。在新时代背景下，了解和掌握农村土地的法律特性以及实务特点，对于推动乡村振兴、实现农业农村现代化具有不可估量的意义。

任务一　农业用地和建设用地

📥 任务导入

在农村要建住宅需不需要审批？办企业需要建设厂房又应当怎么办？这些问题涉及农村土地的分类。

📑 知识链接

一、土地分类

国家实行土地用途管制制度。国家编制土地利用总体规划，规定土地用途，将土地分为农用地、建设用地和未利用地。

（一）农用地

《中华人民共和国土地管理法》（以下简称《土地管理法》）第四条规定，农用地是指直接用于农业生产的土地，包括耕地、林地、草地、农田水利用地、养殖水面等。

（二）建设用地

《土地管理法》第四条规定，建设用地是指建造建筑物、构筑物的土地，包括城乡住宅和公共设施用地、工矿用地、交通水利设施用地、旅游用地、军事设施用地等。

（三）未利用地

《土地管理法》第四条规定，未利用地是指农用地和建设用地以外的土地。

二、使用建设用地的手续

（一）宅基地审批流程

1. 村民申请

符合申请条件的村民申请宅基地，应当以户为单位向所在村集体经济组织或村民委员会（以下简称村级组织）提出书面申请，填写并报送下列材料。

（1）《农村宅基地和建房（规划许可）申请表》（见"实用文书"部分）。

（2）《农村宅基地使用承诺书》（见"实用文书"部分）。

（3）家庭户口簿复印件和户主及申请人身份证复印件。

（4）其他应提交的材料。

2. 村级组织审核

（1）讨论审查。村级组织收到村民宅基地申请后，召开村民会议或村民代表会议进行讨论和审查，重点审查农户申请材料是否真实有效、拟用地建房是否符合村庄规划、是否征求了用地建房相邻权利人意见等。

（2）公开公示。审查通过后，要及时在本集体经济组织范围内张榜公示宅基地申请理由、拟用地位置和面积、拟建房层高和面积等情况，公示期不少于7天，并留存公示图片等资料。张榜公示期间，村民对公示有异议的，由村级组织进行调查，经调查异议成立的，撤销或修改宅基地分配方案，对修改后的分配方案需再次予以公示；村民对公示无异议或经调查异议不成立的，村级组织应当在《农村宅基地和建房（规划许可）申请表》中签署意见。

（3）上报乡镇（街道）人民政府（办事处）。村级组织要及时将《农村宅基地和建房（规划许可）申请表》及其他申请材料报送所在乡镇（街道）人民政府（办事处）。

3. 乡镇（街道）人民政府（办事处）审批

（1）部门联审。乡镇（街道）人民政府（办事处）收到申请材料后，应当及时组织乡镇（街道）农业农村机构、县级自然资源部门派驻乡镇（街道）机构（以下简称自然资源机构）或指定相关机构（农村宅基地工作专班）进行实地联合审查。乡镇（街道）农业农村机构负责审查申请人是否符合申请条件、拟用地是否符合宅基地合理布局要求和面积标准、宅基地和建房（规划许可）申请是否经过村级组织审核公示等，并综合各有关部门意见提出审批建议。自然资源机构负责审查用地建房是否符合国土空间规划、用途管制要求；涉及占用农用地的，是否办理了农用地转用审批手续等。涉及林业、电力、水利、交通等管理的，要及时征求相关部门意见。相关机构根据审查情况，分别在《农村宅基地和建房（规划许可）审批表》中签署意见。

（2）签署意见。乡镇（街道）人民政府（办事处）根据联审结果在《农村宅基地和建房（规划许可）审批表》中出具意见。审批表至少一式两份，由乡镇（街道）人民政府（办事处）、村级组织各存档一份。符合条件的同时出具《农村宅基地批准书》（加盖骑缝章），鼓励委托乡镇（街道）一并发放《乡村建设规划许可证》。

未通过部门联审的，应书面告知申请人；报送材料不完备的，应当一次性告知申请人需要补正的材料和相关要求。

乡镇（街道）政府（办事处）要建立宅基地用地建房审批管理台账，有关资料归档留存，并定期将辖区内宅基地审批情况报县级农业农村、自然资源等部门备案。

农村宅基地申请审批流程如图 5-1 所示。

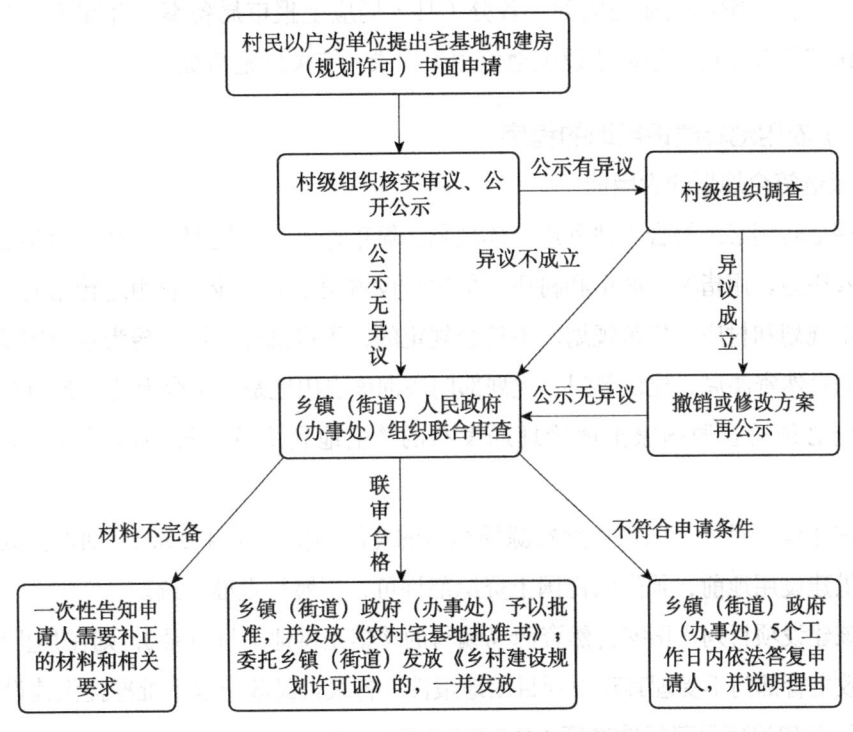

图 5-1　农村宅基地申请审批办理流程

（二）集体建设用地审批程序

（1）项目立项：用地单位到区、县发改部门办理建设项目立项手续，取得项目审批（核准、备案）文件。

（2）规划审批：用地单位到区、县规划建设部门办理项目规划批准文件，取得建设用地规划许可证、规划设计要点、规划部门审定的建设项目规划平面布置图。

（3）签订用地协议：用地单位与集体土地所有者和原使用者签订使用集体建设用地的协议，或取得集体土地所有者和原使用者书面同意。

（4）用地申请：用地单位携带相关材料，向所在区、县的国土资源分（县）局提出用地申请。

（5）勘测定界：分（县）局开具勘测定界联系单，并根据规划批准用地范围进行勘测定界。

（6）审核报批：分（县）局对是否符合土地利用规划和用地条件进行审核，审核同意后报所在区、县人民政府审批。

（7）核发证书：区、县人民政府批准后，国土资源分（县）局核发用地批准通知书，用地单位凭用地批准通知书等相关资料，申请集体建设用地土地登记，办理《集体建设用地使用权证》。

（8）上报备案：供地完成后，各分（县）局应上报市局备案，并在（各）建设用地全程跟踪管理系统《集体建设土地使用》中录入有关供地情况。

（三）农用地转建设用地的程序
1. 预选符合规划的农用地
农用地转用必须符合土地利用总体规划、城市建设总体规划和土地利用年度计划中确定的农用地转用指标。城市和村庄、集镇建设占用土地，涉及农用地转用的，还应当符合城市规划和村庄、集镇规划。不符合规定的，不得批准农用地转为建设用地。所以要首先向自然资源局、建设部门、规划部门咨询该农用地是否符合上述的各项规划。

规划必须符合原国家土地管理局发布的《土地利用总体规划编制审批规定》的要求。

如该建设项目列入国家自然资源局编写的《限制供地项目目录》，则地方人民政府批准提供建设用地前，须先取得国土资源部许可，再履行批准手续。

如该建设项目列入国家自然资源局编写的《禁止供地项目目录》，则在禁止期限内，土地行政主管部门不受理其建设项目用地报件，各级人民政府也不批准提供建设用地。

2. 编制建设项目可行性论证
确认该农用地可以用于建设，再根据建设部门的要求，进行和编制建设项目可行性论证，向建设部门提交用地申请，建设部门审查符合的，颁发建设项目的《选址意见书》，用地单位应按规定缴纳选址规费。

其中，农用地转用和土地征收批准文件有效期为两年。农用地转用或土地征收经依法批准后，市、县两年内未用地或未实施征地补偿安置方案的，有关批准文件自动失效。

具体建设项目需要使用土地的，建设单位应当根据建设项目的总体设计一次申请，办理建设用地审批手续；分期建设的项目，可以根据可行性研究报告确定的方案分期申请建设用地，分期办理建设用地有关审批手续。

3. 提出用地预审申请

用地单位持《选址意见书》向同级自然资源主管部门提出用地预审申请，由该自然资源主管部门核发《建设项目用地预审报告书》。

建设项目用地预审文件有效期为两年，自批准之日起计算。已经预审的项目，如需对土地用途、建设项目选址等进行重大调整的，应当重新申请预审。

建设用地单位申请预审，应当提交下列材料。

（1）建设项目用地预审申请表［该表由原国土资源部（现自然资源部）统一规定］（见"实用文书"部分）。

（2）预审的申请报告，内容包括拟建设项目基本情况、拟选址情况、拟用地总规模和拟用地类型、补充耕地初步方案。

（3）需审批的建设项目还应提供项目建议书批复文件和项目可行性研究报告。项目建议书批复与项目可行性研究报告合一的，只提供项目可行性研究报告。

如建设项目为涉密军事项目或是国务院批准的特殊建设项目用地的，建设用地单位可直接向自然资源部提出预审申请。

自然资源局在自受理预审申请或者收到转报材料之日起20日内，完成审查工作，并出具预审意见。20日内不能出具预审意见的，经负责预审的自然资源主管部门负责人批准，可以延长10日。

4. 办理手续、缴纳审批费用

用地单位凭《建设项目用地预审报告书》向建设部门、环保局等办理立项、规划、环保许可等手续，并缴纳各项审批费用。

环境保护部门根据《中华人民共和国环境保护法》和《建设项目环境保护管理办法》对建设项目进行审批。

某些建设项目，还需要报劳动行政部门依据《建设项目（工程）劳动安全卫生预评价管理办法》予以审批。

5. 提出项目用地的正式申请

用地单位再持以上审批文件，向原预审的自然资源主管部门提出项目用地的正式申请。

6. 各级政府审批

自然资源局根据土地利用总体规划、城市建设总体规划和土地利用年度计划，拟定农用地转用方案、补充耕地方案、征地方案和供地方案，分不同类型，经各级人民政府审批。

按照《土地管理法》有关规定，永久基本农田转为建设用地的，由国务院批准。在土地利用总体规划确定的城市和村庄、集镇建设用地规模范围内，为实施该规划而将永久基本农田以外的农用地转为建设用地的，按土地利用年度计划分批次按照国务院规定由原批准土地利用总体规划的机关或者其授权的机关批准。在已批准的农用地转用范围内，具体建设项目用地可以由市、县人民政府批准。在土地利用总体规划确定的城市和村庄、集镇建设用地规模范围外，将永久基本农田以外的农用地转为建设用地的，由国务院或者国务院授权的省、自治区、直辖市人民政府批准。

7. 办理征地手续

由自然资源主管部门具体负责对该农用地的所有权人和使用权人进行征用，签订补偿安置协议，按征地程序办理征地手续。

8. 领取用地批准文件

自然资源主管部门根据批准的供地方案，在征地的补偿、安置补助完成后，向用地单位发出批准用地文件和《建设用地批准书》，被征地单位应在规定的期限内交出土地。

9. 缴纳出让费，获得土地使用权

土地征用后，该土地即成为国有土地，由自然资源主管部门与土地使用者按照相关规定，签订《国有土地有偿使用合同》出让供地。用地单位按约定缴纳出让费用。

10. 开始建设并使用土地

签订合同并按约缴纳费用后，用地单位才真正获得该土地的使用权。

（四）国有土地建设用地使用的程序

1. 建设用地审查报批程序

（1）建设单位向项目建设用地所在地的市、县自然资源主管部门提出用地申请，填写《建设用地申请表》，并按规定提交相关申报材料。

（2）用地申请符合土地管理法律法规和政策规定、材料齐全的，市、县自然资源主管部门受理用地申请。

（3）受理用地申请后，市、县自然资源主管部门报请市、县人民政府依法履行"告知、听证、确认"等征前程序，同时，拟订农用地转用方案、补充耕地方案、征收土地方案和供地方案，编制建设项目用地呈报说明书，并组织编制其他相关用地报件材料。

（4）市、县自然资源主管部门组织编制的相关报件材料，报经同级人民政府审核同意后，由市、县人民政府向上一级人民政府呈报用地请示。同时，由市、县自然资源主管部门制作建设用地报盘，通过远程网上申报系统，将用地报件材料报送上一级自然资源主管部门审查。

（5）用地报件材料按程序逐级上报审查、呈报有审批权的人民政府及自然资源主管部门审查、批准。[注：单独选址项目用地和城市（城镇、工业）分批次建设用地报批程序存在差异]。

2. 建设用地审查报批要求

（1）用地报件材料形式、内容齐全，符合用地申报规定。

（2）用地符合国家产业政策、供地政策和行业用地标准。

（3）用地符合土地利用总体规划，落实土地利用年度计划。

（4）落实耕地占补平衡。

（5）符合国家、省相关规定（单独选址和批次用地）。

3. 建设用地报件材料目录

单独选址项目建设用地单位申请用地应提交的文件材料如下。

（1）用地申请表（原件）。

（2）项目可行性研究报告批复（或核准、备案文件）、初步设计批复（或有关部门审查确认意见）（原件或复印件）。

（3）建设项目用地预审意见（原件或复印件）。

（4）地质灾害危险性评估报告专家审查意见及报告扉页、报告编制单位资质证书复印件、评审专家名单（原件或复印件）。

（5）项目建设压覆矿产资源查询证明材料；涉及压覆矿产资源及矿业权的，需提交项目建设业主单位已与矿业权人就压矿补偿问题协商的说明、有关市县人民政府做好压矿补偿协调工作的承诺函（原件）。

（6）有资质的单位出具的拟征（占）用土地的勘测定界技术报告书和勘测定界图（原件）。

（7）环保、建设（规划）、社保、林业（占用林地）等有关部门审核（批复）同意的文件材料（原件或复印件）。

（8）占用耕地涉及补充耕地的，出具《新增耕地合格证》及附件；补充耕地为委托补充的，需提供委托补充耕地协议及耕地开垦费缴纳凭证（原件或复印件）。

（9）建设用地审查表（针对公路、铁路项目），超出用地标准的，须进行专门说明（原件）。

（10）土地复垦方案评审批复备案文件（原件或复印件）。

（11）项目选址涉及自然保护区、风景名胜区、水源地保护区以及法律法规规定不得占用的其他区域土地的，须提交有权限的主管部门的审核（批复）同意的文件材料；项目建设涉及占用文物保护单位保护范围和建设控制地带土地的，须提交有权限的文物主管部门出具的拟用地是否占压重要文物保护单位的说明及是否同意用地的意见（原件或复印件）。

参考案例

擅自改变土地用途需要承担哪些责任？

一、刑事责任

《中华人民共和国刑法》第三百四十二条规定，违反土地管理法规，非法占用耕地、林地等农用地，改变被占用土地用途，数量较大，造成耕地、林地等农用地大量毁坏的，处五年以下有期徒刑或者拘役，并处或者单处罚金。

二、行政责任

《土地管理法》第七十五条规定，违反本法规定，占用耕地建窑、建坟或者擅自在耕地上建房、挖砂、采石、采矿、取土等，破坏种植条件的，或者因开发土地造成土地荒漠化、盐渍化的，由县级以上人民政府自然资源主管部门、农业农村主管部门等按照职责责令限期改正或者治理，可以并处罚款；构成犯罪的，依法追究刑事责任。

《中华人民共和国土地管理法实施条例》第五十五条规定，依照《土地管理法》第七十五条的规定处以罚款的，罚款额为耕地开垦费的5倍以上10倍以下；破坏黑土地等优质耕地的，从重处罚。

三、民事责任

《中华人民共和国农村土地承包法》第六十三条第二款规定，承包方给承包地造成永久性损害的，发包方有权制止，并有权要求赔偿由此造成的损失。

第六十四条规定，土地经营权人擅自改变土地的农业用途、弃耕抛荒连续两年以上、给土地造成严重损害或者严重破坏土地生态环境，承包方在合理期限内不解除土地经营权流转合同的，发包方有权要求终止土地经营权流转合同。土地经营权人对土地和土地生态环境造成的损害应当予以赔偿。

案例 1

2023年10月28日，单某从吕某处承包了泰来县六三农场八分场西侧的水田。同年11月26日、12月1日至12月5日，单某私自雇用铲车、钩机和翻斗车在承包的水田地中挖砂。经鉴定，单某破坏耕地（永久基本农田）面积15.2828亩，非法采砂致涉案地块耕作层全部损坏，种植功能全部丧失，损害程度为严重损坏。

法院认定：单某违反土地管理法规，非法占用耕地挖砂，数量较大，造成耕地大量毁坏，其行为已构成非法占用农用地罪，判处有期徒刑6个月，并处罚金人民币二万元。

案例2

吴广自2019年11月起，未经有关机关批准的前提下，擅自占用承包的耕地205.32平方米建造住宅，该房屋已经建成二层，在建三层。建房四址界址为：东面、南面、西面均为农田，北面为小路。根据藤县土地利用总体规划数据库局部图、藤县土地规划用途数据库局部图，建住宅占用的耕地为水田，属于规划为基本农田保护区范围的耕地。

农业农村局作出了行政处罚决定书：一、责令当事人吴广退还非法占用的205.32平方米耕地，限期在接到本行政处罚书之日起30日内自行拆除在非法占用耕地上新建的住宅；二、对当事人吴广并处罚款16 425.60元。

案例3

2020年10月16日，某专业合作社与郭义签订协议书，约定某专业合作社把流转土地承包给郭义，共计100亩，郭义每年支付给合作社承包费每亩650元，于每年6月15日支付一半，另一半于10月15号支付，合作社免费给郭义提供梨树苗、花椒树苗，由郭义种植，并保证90%的成活率，否则死一棵包赔20元。后合作社起诉郭义，要求解除协议书，赔偿树苗损失。

法院认为，案涉土地为基本农田，合作社与郭义签订协议，把100亩基本农田承包给郭义，用来种植梨树苗、花椒树苗，协议的内容和目的系种植树苗发展经济，改变了土地的耕种用途，明显违反国家法律的禁止性规定，应属无效协议。关于树苗损失赔偿款，协议双方对于案涉土地属于基本农田均应当明知，在此情形下，仍然违反法律规定签订案涉协议，改变土地用途种植树苗，双方各承担一半的责任。

拓展阅读

一、农用地

2001年8月21日国土资源部（现自然资源部）发布了《土地分类》，明确农用地是指直接用于农业生产的土地，包括耕地、园地、林地、牧草地及其他农用地。

1. 耕地

（1）灌溉水田：指有水源保证和灌溉设施，在一般年景能正常灌溉，用于种植水生作物的耕地，包括灌溉的水旱轮作地。

（2）望天田：指无灌溉设施，主要依靠天然降水，用于种植水生作物的耕地，包括无灌溉设施的水旱轮作地。

（3）水浇地：指水田、菜地以外，有水源保证和灌溉设施，在一般年景能正常灌溉的耕地。

（4）旱地：指无灌溉设施，靠天然降水种植旱作物的耕地，包括没有灌溉设施，仅靠引洪淤灌的耕地。

（5）菜地：指常年以种植蔬菜为主的耕地，包括大棚用地。

2. 园地

（1）果园：指种植果树的园地。

（2）桑园：指种植桑树的园地。

（3）茶园：指种植茶树的园地。

（4）橡胶园：指种植橡胶的园地。

（5）其他园地：指种植可可、咖啡、油棕、胡椒、花卉、药材等其他多年生作物的园地。

3. 林地

（1）有林地：指树木郁闭度≥20%的天然、人工林地。

（2）灌木林地：指覆盖度≥40%的灌木林地。

（3）疏林地：指树木郁闭度≥10%但<20%的疏林地。

（4）未成林造林地：指造林成活率大于或等于合理造林数的41%，尚未郁闭但有成林希望的新造林地（一般指造林后不满3~5年或飞机播种后不满5~7年的造林地）。

（5）迹地：指森林采伐、火烧后，五年内未更新的土地。

（6）苗圃：指固定的林木育苗地。

4. 牧草地

（1）天然草地：指以天然草本植物为主，未经改良，用于放牧或割草的草地，包括以放牧为主的疏林、灌木草地。

（2）改良草地：指采用灌溉、排水、施肥、松耙、补植等措施进行改良的草地。

（3）人工草地：指人工种植牧草的草地，包括人工培植用于牧业的灌木地。

5. 其他农用地

（1）畜禽饲养地：指以经营性养殖为目的的畜禽舍及其相应附属设施用地。

（2）设施农业用地：指进行工厂化作物栽培或水产养殖的生产设施用地。

（3）农村道路：指农村南方宽≥1.0米，北方宽≥2.0米的村间、田间道路（含机耕道）。

（4）坑塘水面：指人工开挖或天然形成的蓄水量＜10万立方米（不含养殖水面）的坑塘常水位以下的面积。

（5）养殖水面：指人工开挖或天然形成的专门用于水产养殖的坑塘水面及相应附属设施用地。

（6）农田水利用地：指农民、农民集体或其他农业企业等自建或联建的农田排灌沟渠及其相应附属设施用地。

（7）田坎：主要指耕地中南方宽≥1.0米，北方宽≥2.0米的梯田田坎。

（8）晒谷场等用地：指晒谷场及上述用地中未包含的其他农用地。

二、建设用地

2001年8月21日国土资源部《土地分类》规定，建设用地指建造建筑物、构筑物的土地。包括商业、工矿、仓储、公用设施、公共建筑、住宅、交通、水利设施、特殊用地等。

1. 商服用地

（1）商业用地：指商店、商场、各类批发、零售市场及其相应附属设施用地。

（2）金融保险用地：指银行、保险、证券、信托、期货、信用社等用地。

（3）餐饮旅馆业用地：指饭店、餐厅、酒吧、宾馆、旅馆、招待所、度假村等及其相应附属设施用地。

（4）其他商服用地：指上述用地以外的其他商服用地，包括写字楼、商业性办公楼和企业厂区外独立的办公楼用地；旅行社、运动保健休闲设施、夜总会、歌舞厅、俱乐部、高尔夫球场、加油站、洗车场、洗染店、废旧物资回收站、维修网点、照相、理发、洗浴等服务设施用地。

2. 工矿仓储用地

（1）工业用地：指工业生产及其相应附属设施用地。

（2）采矿地：指采矿、采石、采砂场、盐田、砖瓦窑等地面生产用地及尾矿堆放地。

（3）仓储用地：指用于物资储备、中转的场所及相应附属设施用地。

3. 公用设施用地

（1）公共基础设施用地：指给排水、供电、供燃、邮政、电信、消防、公用设施维修、环卫等用地。

（2）瞻仰景观休闲用地：指名胜古迹、革命遗址、景点、公园、广场、公用绿地等。

4. 公共建筑用地

（1）机关团体用地：指国家机关、社会团体、群众自治组织、广播电台、电视台、报社、杂志社、通讯社、出版社等单位的办公用地。

（2）教育用地：指各种教育机构，包括大专院校、中专、职业学校、成人业余教育学校、中小学校、幼儿园、托儿所、党校、行政学院、干部管理学院、盲聋哑学校、工读学校等直接用于教育的用地。

（3）科研设计用地：指独立的科研、设计机构用地，包括研究、勘测、设计、信息等单位用地。

（4）文体用地：指为公众服务的公益性文化、体育设施用地，包括博物馆、展览馆、文化馆、图书馆、纪念馆、影剧院、音乐厅、少青老年活动中心、体育场馆、训练基地等。

（5）医疗卫生用地：指医疗、卫生、防疫、急救、保健、疗养、康复、医检药检、血库等用地。

（6）慈善用地：指孤儿院、养老院、福利院等用地。

5. 住宅用地

（1）城镇单一住宅用地：指城镇居民的普通住宅、公寓、别墅用地。

（2）城镇混合住宅用地：指城镇居民以居住为主的住宅与工业生产或商业等混合用地。

（3）农村宅基地：指农村村民居住的宅基地。

（4）空闲宅基地：指村庄内部的空闲旧宅基地及其他空闲土地等。

6. 交通运输用地

（1）铁路用地：指铁道线路及场站用地，包括路堤、路堑、道沟及护路林；地铁地上部分及出入口等用地。

（2）公路用地：指国家和地方公路（含乡镇公路），包括路堤、路堑、道沟、护路林及其他附属设施用地。

（3）民用机场：指民用机场及其相应附属设施用地。

（4）港口码头用地：指人工修建的客运、货运、捕捞船舶停靠的场所及其应附属建筑物，不包括常水位以下部分。

（5）管道运输用地：指运输煤炭、石油和天然气等管道及其相应附属设施的地上部分用地。

（6）街巷：指城乡居民点内公用道路（含立交桥）、公共停车场等。

7. 水利设施用地

（1）水库水面：指人工修建总库容≥10万立方米，正常蓄水位以下的面积。

（2）水工建筑用地：指除农田水利用地以外的人工修建的沟渠（包括渠槽、渠堤、护堤林）、闸、坝、堤路林、水电站、扬水站等常水位岸线以上的水工建筑用地。

8. 特殊用地

（1）军事设施用地：指专门用于军事目的的设施用地，包括军事指挥机关和营房等。

（2）使领馆用地：指外国政府及国际组织驻华使领馆、办事处等用地。

（3）宗教用地：指专门用于宗教活动的庙宇、寺院、道观、教堂等宗教自用地。

（4）监教场所用地：指监狱、看守所、劳改场、劳教所、戒毒所等用地。

（5）墓葬地：指陵园、墓地、殡葬场所及附属设施用地。

三、未利用土地与其他土地

1. 未利用土地

（1）荒草地：指树木郁闭度<10%，表层为土质，生长杂草，不包括盐碱地、沼泽地和裸土地。

（2）盐碱地：指表层盐碱聚集，只生长天然耐盐植物的土地。

（3）沼泽地：指经常积水或渍水，一般生长湿生植物的土地。

（4）沙地：指表层为沙覆盖，基本无植被的土地，包括沙漠，不包括水系中的沙滩。

（5）裸土地：指表层为土质，基本无植被覆盖的土地。

（6）裸岩石砾地：指表层为岩石或石砾，其覆盖面积≥70%的土地。

（7）其他未利用土地：指包括高寒荒漠、苔原等尚未利用的土地。

2. 其他土地

（1）河流水面：指天然形成或人工开挖河流常水位岸线以下的土地。

（2）湖泊水面：指天然形成的积水区常水位岸线以下的土地。

（3）苇地：指生长芦苇的土地，包括滩涂上的苇地。

（4）滩涂：指沿海大潮高潮位与低潮位之间的潮浸地带；河流、湖泊常水位至洪水位间的滩地；时令湖、河洪水位以下的滩地；水库、坑塘的正常蓄水与最大洪水位间的滩地。不包括已利用的滩涂。

（5）冰川及永久积雪：指表层被冰雪常年覆盖的土地。

实用文书

农村宅基地和建房（规划许可）申请表

农村宅基地使用承诺书

建设项目用地预审申请表

任务二　农村土地承包与流转

任务导入

农村土地承包与流转是农村经济发展的重要基石，全面了解农村土地的承包与流转，对于促进农业现代化、增加农民收入、优化农村经济结构乃至推动整个社会经济的全面发展具有不可估量的价值。

知识链接

一、土地承包

为了顺应农民保留土地承包权、流转土地经营权的意愿，我国将土地承包经营权分为承包权和经营权，我国农村土地实行所有权、承包权、经营权分置并行，着力推进农业现代化。

我国实行农村土地承包经营制度。农民集体所有的土地依法属于村农民集体所有的，发包方是村集体经济组织或者村民委员会，家庭承包的承包方是本集体经济组织的农户。

耕地的承包期为三十年。草地的承包期为三十年至五十年。林地的承包期为三十年至七十年。

前款规定的耕地承包期届满后再延长三十年，草地、林地承包期届满后依照前款规定相应延长。

国家对耕地、林地和草地等实行统一登记，登记机构应当向承包方颁发土地承包经营权证或者林权证等证书，并登记造册，确认土地承包经营权。

土地承包经营权证或者林权证等证书应当将具有土地承包经营权的全部家庭成员列入。

登记机构除按规定收取证书工本费外，不得收取其他费用。

二、土地流转

农村土地经营权流转是指在承包方与发包方承包关系保持不变的前提下，承包方依法在一定期限内将土地经营权部分或者全部交由他人自主开展农业生产经营的行为。

土地经营权流转应当坚持农村土地农民集体所有、农户家庭承包经营的基本制度，保持农村土地承包关系稳定并长久不变，遵循依法、自愿、有偿原则，任何组织和个人不得强迫或者阻碍承包方流转土地经营权。

> **参考案例**

案例1：征地补偿纠纷

方某出生地为袁畈村三组。1979年，因生父去世、母亲再婚，其随母迁至同村六组生活至今。1983年，袁畈村在实施农村土地家庭承包政策时，方某在袁畈村六组分得耕地12.21亩，在袁畈村三组分得林地（自留山）10.02亩。2021年11月5日，因项目建设用地需要，县自然资源和规划局与村委会签订《征收土地协议书》，其中，征收林地301.166亩，综合补偿标准为49 000元每亩。方某在袁畈村三组分得的10.02亩林地，属于被征收林地范围。2022年4月9日，袁畈村三组经过民主议定程序，制定《袁畈村三组林地及田地补偿分配方案》，主要内容为"1.征收田地按面积补偿分配到现有田地归属者；2.林地面积按现有人口（有田地者）平均分配，其中……""1.现户口在袁畈村三组且2022年参与分田的按百分之百比例分配……9.2002年前户口外迁且未参与分田的不参加三组任何分配。"同年4月10日，村委会召开村民会议和村民代表会议，就袁畈村三组林地征收村提留问题进行讨论，议定：山林征用补偿费19 600元/亩，村部提留30%；山地征用补偿费19 600元/亩，村部提留15%；安置费29 400元/亩，村不作提留。后村委会将划拨的土地征收款项按上述分配方案分配给袁畈村三组村民。

方某未分到补偿款，向法院起诉。

法院判决如下。

1. 关于林地承包问题

方某提交了村委会制作的证明及附表、地图和证人的证言，法院认为袁畈村三组于1983年施行第一轮农村土地承包时，向方某发包了位于本村民小组林地10.02亩的事实存在。

2. 关于征地补偿问题

安置补助费必须专款专用，由农村集体经济组织管理和使用，安置被征单位由于征地造成的多余劳动力的补偿费用。征地补偿费用的使用、分配方案由村民会议讨论决定。以村民小组讨论决定的，应当经本组三分之二以上的村民或者本村民小组三分之二以上的户代表过半数同意。征地补偿费用的受益主体是农村集体经济组织，只要具有该集体经济组织的成员资格，就应具有相应的分配权。集体经济组织成员的认定，应综合考虑当事人生产生活状况、户口登记以及农村土地对其基本生活保障功能等因素予以认定。

本案中，方某出生在袁畈村三组，后因故户口迁移至袁畈村六组，并在袁畈村六组承包了耕地，取得了基本生活保障，不再享有袁畈村三组成员资格，因此其不能参与袁畈村三组土地补偿费、安置补助费的分配。

但是，方某在袁畈村三组承包了10.02亩林地，因林地上的林木被征收产生的补偿费，依法应当由承包人本人享有，其主张按照分配方案支付林木补偿费用，即山林征用补偿费19 600元/亩，扣除村集体经济组织提留部分，共计137 474.40元（19 600元/亩×70%×10.02亩）的请求，符合法律规定。

最终法院判决：袁畈村三组于本判决生效之日起15日内向方某支付林木征收补偿费137 474.40元。

案例2：土地流转纠纷1

2015年12月26日，小张作为甲方，佳佳农业科技有限公司作为乙方，签订了《土地承包经营权流转合同》，约定甲方将其承包的4.118亩土地出租给乙方从事蔬菜大棚种植。土地转包（出租）期限为三十年，自2015年8月30日起至2045年8月30日止。每亩土地价款2 000元，每五年付款一次，单价每五年按10%递增，并约定乙方承担依法保护合理利用土地的义务。乙方接收土地后未按规定合理利用，而是持续抛荒至今。

小张向法院起诉，要求判决解除《土地承包经营权流转合同》；判决佳佳农业科技有限公司交还转包（出租）的4.118亩土地。

法院判决如下。

法院认为，原、被告之间的土地承包经营权流转合同系双方真实意思表示，合法有效。双方应按照合同约定全面履行各自义务。合同签订后，原告依约交付了土地，被告虽按照约定支付了相关租赁费用，但并未实际使用该承包地，并持续抛荒至今。根据《中华人民共和国农村土地承包法》第四十二条第一款（二）项规定，受让方弃耕抛荒连续两年以上的，承包方有权单方面解除土地承包经营权流转合同。故对原告要求解除合同并退还承包地的诉讼请求本院予以支持。

案例3：土地流转纠纷2

工投集团与朱某某签订土地承包协议，约定将其拥有的农场460亩的土地发包给朱某某从事种植，承包期限1年，自2018年1月1日起至2018年12月31日止。之后朱某某将涉案土地转包给杨某，杨某又将涉案土地转包给郑某，并约定种植补贴由郑某享有。之后郑某在涉案土地上从事水稻种植。2019年1月23日，政府部门发布市区2018年稻谷补贴管理工作实施方案。文件规定此项补贴同特定作物稻谷挂钩，进一步明确"谁种粮谁受益"。后工投集团根据与朱某某签订的土地承包协议向朱某某发放了涉案土地稻谷补贴 55 200 元。郑某起诉主张要求杨某、朱某某返还该笔稻谷补贴款 55 200 元。

法院判决如下。

法院认为，根据市区 2018 年稻谷补贴管理工作实施方案的规定，该补贴应该发放给直接从事稻谷生产的种植户。郑某作为实际稻谷生产者，有权享受稻谷补贴。朱某某应当将其收到工投集团给付的涉案土地稻谷补贴 55 200 元返还给郑某，遂判决朱某某给付郑某稻谷补贴 55 200 元。

案例 4：土地流转纠纷 3

刘某某为某村村民，1984 年土地承包时，刘某某一户按其人口分得家庭承包地。20 世纪 90 年代，刘某某将其一户户口迁出该村，2002 年，刘某某又将其一户户口迁回该村。由于刘某某没有对其承包地进行耕种，村委会将刘某某的承包地收回并发包给其他人耕种。2015 年村委会重新将土地发包给刘某某一户。刘某某以村委会在其不知情的情况下将其承包地收回导致其没有获得政府补贴为由提起诉讼，要求该村委会赔偿其 2003 年至 2015 年的经济损失 182 160 元。

法院判决如下。

法院认为，村委会在刘某某弃耕、撂荒承包地的情况下将其承包地收回另行发包，刘某某主张承包地被收回期间的损失，法院不予支持，遂判决驳回刘某某的诉讼请求。

拓展阅读

一、土地承包

（一）《承包合同》应当具备的条款

承包合同一般包括以下条款：

（1）发包方、承包方的名称，发包方负责人和承包方代表的姓名、住所；

（2）承包土地的名称、坐落、面积、质量等级；

（3）承包期限和起止日期；

（4）承包土地的用途；

（5）发包方和承包方的权利和义务；

（6）违约责任。

（二）发包方的权利义务

享有的权利：

（1）发包本集体所有的或者国家所有依法由本集体使用的农村土地；

（2）监督承包方依照承包合同约定的用途合理利用和保护土地；

（3）制止承包方损害承包地和农业资源的行为；

（4）法律、行政法规规定的其他权利。

承担的义务：

（1）维护承包方的土地承包经营权，不得非法变更、解除承包合同；

（2）尊重承包方的生产经营自主权，不得干涉承包方依法进行正常的生产经营活动；

（3）依照承包合同约定为承包方提供生产、技术、信息等服务；

（4）执行县、乡（镇）土地利用总体规划，组织本集体经济组织内的农业基础设施建设；

（5）法律、行政法规规定的其他义务。

（三）承包方的权利义务

享有的权利：

（1）依法享有承包地使用、收益的权利，有权自主组织生产经营和处置产品；

（2）依法互换、转让土地承包经营权；

（3）依法流转土地经营权；

（4）承包地被依法征收、征用、占用的，有权依法获得相应的补偿；

（5）法律、行政法规规定的其他权利。

承担的义务：

（1）维持土地的农业用途，未经依法批准不得用于非农建设；

（2）依法保护和合理利用土地，不得给土地造成永久性损害；

（3）法律、行政法规规定的其他义务。

（四）土地承包应当遵循的原则

（1）按照规定统一组织承包时，本集体经济组织成员依法平等地行使承包土地的权利，也可以自愿放弃承包土地的权利；

（2）民主协商，公平合理；

（3）承包方案应当按照《土地管理法》第六十三条的规定，依法经本集体经济组织成员的村民会议三分之二以上成员或者三分之二以上村民代表的同意；

(4) 承包程序合法。

(五) 土地承包的程序

(1) 本集体经济组织成员的村民会议选举产生承包工作小组；
(2) 承包工作小组依照法律、法规的规定拟订并公布承包方案；
(3) 依法召开本集体经济组织成员的村民会议，讨论通过承包方案；
(4) 公开组织实施承包方案；
(5) 签订承包合同。

(六) 迁入城区并转为非农户口的，其承包的土地经营权归属

国家保护进城农户的土地承包经营权。不得以退出土地承包经营权作为农户进城落户的条件。

承包期内，承包农户进城落户的，引导支持其按照自愿有偿原则依法在本集体经济组织内转让土地承包经营权或者将承包地交回发包方，也可以鼓励其流转土地经营权。

承包期内，承包方交回承包地或者发包方依法收回承包地时，承包方对其在承包地上投入而提高土地生产能力的，有权获得相应的补偿。

(七) 自然灾害对承包地的影响及调整

承包期内，因自然灾害严重毁损承包地等特殊情形对个别农户之间承包的耕地和草地需要适当调整的，必须经本集体经济组织成员的村民会议三分之二以上成员或者三分之二以上村民代表的同意，并报乡（镇）人民政府和县级人民政府农业农村、林业和草原等主管部门批准。承包合同中约定不得调整的，按照其约定。

(八) 妇女的土地承包

承包期内，妇女结婚，在新居住地未取得承包地的，发包方不得收回其原承包地；妇女离婚或者丧偶，仍在原居住地生活或者不在原居住地生活但在新居住地未取得承包地的，发包方不得收回其原承包地。

二、土地流转

(一) 流转的方式

《农村土地经营权流转管理办法》第十四条规定，承包方可以采取出租（转包）、入股或者其他符合有关法律和国家政策规定的方式流转土地经营权。

出租（转包），是指承包方将部分或者全部土地经营权，租赁给他人从事农业生产经营。

入股，是指承包方将部分或者全部土地经营权作价出资，成为公司、合作经济组织等股东或者成员，并用于农业生产经营。

土地流转后，需要向发包方（村集体）备案。

（二）土地经营权流转应当遵循的原则

（1）依法、自愿、有偿，任何组织和个人不得强迫或者阻碍土地经营权流转；

（2）不得改变土地所有权的性质和土地的农业用途，不得破坏农业综合生产能力和农业生态环境；

（3）流转期限不得超过承包期的剩余期限；

（4）受让方须有农业经营能力或者资质；

（5）在同等条件下，本集体经济组织成员享有优先权。

（三）承包方可单方面解除流转合同的情况

《中华人民共和国农村土地承包法》第四十二条规定，承包方不得单方解除土地经营权流转合同，但受让方有下列情形之一的除外：

(1) 擅自改变土地的农业用途；

(2) 弃耕抛荒连续两年以上；

(3) 给土地造成严重损害或者严重破坏土地生态环境；

(4) 其他严重违约行为。

有以上情形，承包方在合理期限内不解除土地经营权流转合同的，发包方有权要求终止土地经营权流转合同。

受让方对土地和土地生态环境造成的损害应当依法予以赔偿。

（四）受让方对土地再流转

受让方可以再流转，但是需要经承包方书面同意，并向本集体经济组织备案。

（五）土地流转有哪些禁止性规定？

（1）土地经营权流转不得损害农村集体经济组织和利害关系人的合法权益；

（2）不得破坏农业综合生产能力和农业生态环境；

（3）不得改变承包土地的所有权性质及其农业用途，确保农地农用，优先用于粮食生产，制止耕地"非农化"，防止耕地"非粮化"；

（4）受让方禁止改变土地的农业用途；禁止闲置、荒芜耕地，禁止占用耕地建窑、建坟或者擅自在耕地上建房、挖砂、采石、采矿、取土等；禁止占用永久基本农田发展林果业和挖塘养鱼。

（六）村民之间的换地、转让

本所村民为方便耕种或者各自需要，可以对属于同一集体经济组织的土地的土地承包经营权进行互换，并向发包方备案。

经发包方同意，承包方可以将全部或者部分的土地承包经营权转让给本集体经济组织的其他农户，由该农户同发包方确立新的承包关系，原承包方与发包方在该土地上的承包关系即行终止。

（七）土地流转的管理

发包方对承包方流转土地经营权、受让方再流转土地经营权以及承包方、受让方利用土地经营权融资担保的，应当办理备案，并报告乡（镇）人民政府农村土地承包管理部门。

乡（镇）人民政府农村土地承包管理部门应当向达成流转意向的双方提供统一文本格式的流转合同，并指导签订。流转合同中有违反法律法规的，应当及时予以纠正。

乡（镇）人民政府农村土地承包管理部门应当建立土地经营权流转台账，及时准确记载流转情况。

乡（镇）人民政府农村土地承包管理部门应当对土地经营权流转有关文件、资料及流转合同等进行归档并妥善保管。

实用文书

集体林地承包合同（示范文本）

农村土地经营权入股合同（示范文本）

农村土地经营权流转（出租）合同（示范文本）

任务三　农村土地纠纷的预防与应对

任务导入

随着我国农村经济的快速发展和城乡一体化的深入推进，农村土地纠纷日益成为影响农村社会稳定和经济发展的重要因素。为有效预防和妥善应对农村土地纠纷，保障农民合法权益，促进农村和谐稳定，需要了解土地纠纷高发的原因及解决方案。

知识链接

一、农村土地纠纷高发的原因

1. 土地权属不明确

历史遗留问题：由于历史原因和制度不完善，很多土地的权属关系不明确，导致争议不断。

2. 土地使用制度不完善

在某些地区，土地使用制度不够完善，导致非法占用、滥用和浪费土地资源现象出现，进而引发争议。

随着农村政策的调整，如减免税收和提供良种补贴等，农民对土地的重视程度显著提高，种粮热潮兴起。这种热潮刺激了农民种田的积极性，但同时也使得农村土地承包纠纷增多。

3. 土地流转不规范

在土地流转过程中，存在程序不规范、手续不完善等问题，导致土地流转过程中出现争议。权益保护不足：由于土地流转行为不规范，农民的合法权益往往难以得到有效保障，从而引发纠纷。

4. 利益冲突

土地征用：随着城市开发建设的加快，大量农村集体土地被征用。然而，补偿标准、安置等问题处理不当，会导致农民与政府、开发商之间产生大量争议。

承包经营权争议：在土地被征用或流转过程中，关于土地承包经营权的归属问题也容易引发纠纷。例如，原承包户与接受转让户之间因土地税费减免和种粮补贴等问题产生争议。

二、土地纠纷的类型

（1）农村土地承包经营纠纷，其中包括：土地承包经营权确认纠纷；承包地征收补偿费用分配纠纷；土地承包经营权继承纠纷。

（2）土地经营权纠纷。

（3）建设用地使用权纠纷。

（4）宅基地使用权纠纷。

（5）土地经营权抵押权纠纷。

（6）土地租赁合同纠纷。

（7）土地承包经营权合同纠纷，其中包括：土地承包经营权转让合同纠纷；土地承包经营权互换合同纠纷；土地经营权入股合同纠纷；土地经营权抵押合同纠纷；土地经营权出租合同纠纷。

三、农村土地纠纷的预防

（1）加强法律法规宣传。加强对《中华人民共和国农村土地承包法》《土地管理法》等相关法律法规的宣传普及，提高村民的法治观念，使其了解土地权益保护的重要性。通过举办培训班、发放宣传册、村广播、微信公众号等多种形式，确保法律法规知识深入人心。

（2）完善土地管理制度。严格规范机动地管理，确保机动地发包过程公开、公平、公正，严禁暗箱操作或仗权承包。

（3）加强对土地流转的监管，确保流转合同合法有效，保障流转双方的权益。

（4）建立健全土地权属登记制度，明确土地权属，减少因权属不清引发的纠纷。

（5）强化基层调解组织建设。加强基层调解组织的建设和管理，提高其调解能力和水平，确保能够及时、有效地化解土地纠纷。定期对调解员进行业务培训，提高其法律素养和调解技巧。

（6）建立预警机制。建立健全土地纠纷预警机制，定期对可能引发纠纷的因素进行排查和分析，及时采取措施予以化解。鼓励村民积极反映土地问题，对于苗头性、倾向性问题做到早发现、早处理。

四、农村土地纠纷的应对

1. 协商调解

当事人可以向村民委员会或者乡（镇）人民政府申请农村土地承包经营纠纷调解。调解纠纷时，村民委员会或者乡（镇）人民政府应当充分听取当事人对事实和理由的陈述，讲解有关法律以及国家政策，耐心疏导，帮助当事人达成协议。经调解达成协议的，村民委员会或者乡（镇）人民政府应当制作调解协议书。调解协议书由双方当事人签名、盖章或者按指印，经调解人员签名并加盖调解组织印章后生效。

2. 仲裁

如果当地设有农村土地承包仲裁委员会的，可以申请仲裁。

当事人申请仲裁后，可以自行和解。达成和解协议的，可以请求仲裁庭根据和解协议作出裁决书，也可以撤回仲裁申请。

《农村土地承包经营纠纷仲裁规则》第三条规定，下列农村土地承包经营纠纷，当事人可以向农村土地承包仲裁委员会申请仲裁。

（1）因订立、履行、变更、解除和终止农村土地承包合同发生的纠纷。

（2）因农村土地承包经营权转包、出租、互换、转让、入股等流转发生的纠纷。

（3）因收回、调整承包地发生的纠纷。

（4）因确认农村土地承包经营权发生的纠纷。

（5）因侵害农村土地承包经营权发生的纠纷。

（6）法律、法规规定的其他农村土地承包经营纠纷。

因征收集体所有的土地及其补偿发生的纠纷，不属于农村土地承包仲裁委员会的受理范围，可以通过行政复议或者诉讼等方式解决。

3. 诉讼

《中华人民共和国农村土地承包法》第五十五条规定，因土地承包经营发生纠纷的，双方当事人可以通过协商解决，也可以请求村民委员会、乡（镇）人民政府等调解解决。

当事人不愿协商、调解或者协商、调解不成的，可以向农村土地承包仲裁机构申请仲裁，也可以直接向人民法院起诉。

在诉讼过程中，当事人应当提供充分的证据支持自己的主张，并遵守法庭纪律和程序规定。

拓展阅读

一、仲裁当事人及哪些人可以参加仲裁

农村土地承包经营纠纷仲裁的申请人、被申请人为当事人。家庭承包的，可以由农户代表人参加仲裁。

当事人一方人数众多的，可以推选代表人参加仲裁。

与案件处理结果有利害关系的,可以申请作为第三人参加仲裁,或者由农村土地承包仲裁委员会通知其参加仲裁。

当事人、第三人可以委托代理人参加仲裁。

二、申请仲裁的时效期间

当事人申请农村土地承包经营纠纷仲裁的时效期间为二年,自当事人知道或者应当知道其权利被侵害之日起计算。

三、申请农村土地承包经营纠纷仲裁应当符合的条件

(1)申请人与纠纷有直接的利害关系;
(2)有明确的被申请人;
(3)有具体的仲裁请求和事实、理由;
(4)属于农村土地承包仲裁委员会的受理范围。

四、仲裁申请书的要求

当事人申请仲裁,应当向纠纷涉及的土地所在地的农村土地承包仲裁委员会递交仲裁申请书。仲裁申请书可以邮寄或者委托他人代交。仲裁申请书应当载明申请人和被申请人的基本情况,仲裁请求和所根据的事实、理由,并提供相应的证据和证据来源。

书面申请确有困难的,可以口头申请,由农村土地承包仲裁委员会记入笔录,经申请人核实后由其签名、盖章或者按指印。

五、仲裁庭组成

仲裁庭由三名仲裁员组成,首席仲裁员由当事人共同选定,其他二名仲裁员由当事人各自选定;当事人不能选定的,由农村土地承包仲裁委员会主任指定。

事实清楚、权利义务关系明确、争议不大的农村土地承包经营纠纷,经双方当事人同意,可以由一名仲裁员仲裁。仲裁员由当事人共同选定或者由农村土地承包仲裁委员会主任指定。

农村土地承包仲裁委员会应当自仲裁庭组成之日起二个工作日内将仲裁庭组成情况通知当事人。

六、收到仲裁裁决不服起诉

当事人不服仲裁裁决的,可以自收到裁决书之日起30日内向人民法院起诉。逾期不起诉的,裁决书即发生法律效力。

当事人因不服农村土地承包仲裁委员会作出的仲裁裁决向人民法院提起诉讼的,起诉期从其收到裁决书的次日起计算。

七、调解书、裁决书的执行

当事人对发生法律效力的调解书、裁决书,应当依照规定的期限履行。一方当事人逾期不履行的,另一方当事人可以向被申请人住所地或者财产所在地的基层人民法院申请执行。受理申请的人民法院应当依法执行。

实用文书

仲裁申请书

仲裁裁决书

项目六　人力资源法律实务

项目概述

在本项目中，我们将了解企业人力资源的法律要点，了解企业用工常见的法律风险，从而帮助乡村CEO掌握在工作中如何依法用工，防范这些法律风险。

任务一　劳动关系

任务导入

什么是劳动关系？劳动关系和劳务关系的区别是什么？与劳动者订立劳务合同是否能规避劳动关系认定？

知识链接

一、劳动关系

（一）劳动关系的概念

劳动关系，是指用人单位与劳动者运用劳动能力实现劳动过程中形成的一种社会关系，具有长期性、持续性和稳定性的特征。

（二）劳动关系与劳务关系

劳务关系是指提供劳务一方在一定或不特定的期间内，接受雇主指挥与安排，为其提供特定或不特定的劳务，雇佣人接受受雇人提供的劳务并按约定给付报酬的权利义务关系，是平等主体之间一种劳务协作与劳务成果给付的法律关系（表6-1）。

表 6-1 劳动关系与劳务关系的区别

区别	劳动关系	劳务关系
主体资格	主体具有特定性。 用人单位：指与劳动者建立起劳动关系的国家机关、事业单位、社会团体、企业、个体经济组织或民办非企业； 劳动者：指符合劳动年龄条件，具有劳动权利能力和劳动行为能力的自然人	主体不特定。 两个或两个以上的独立、平等主体；可能是法人之间的关系，也可能是自然人之间的关系，还可能是法人与自然人之间的关系
主体地位	具有人身隶属性和经济从属性的特征，是管理与被管理的行政隶属关系，反映的是一种稳定、持续的生产资料、劳动者与劳动对象相结合的关系	平等的民事权利义务关系，只体现财产关系，不存在行政隶属关系，具有"临时性、短期性、一次性"等特点
权利义务	一般义务+附随义务（如社会保险、劳动风险、公司规章制度等）。 （1）除劳动报酬外，还要承担社会保险，提供员工福利； （2）报酬支付原则：按劳分配、同工同酬，不得低于最低工资标准； （3）报酬支付形式：在工资周期及时足额支付劳动报酬，具有规律性； （4）工作管理：根据规章制度进行警告、降职等处分	不存在社会保险等附随义务。 （1）仅支付劳务报酬，不需要提供社会保险、福利等待遇； （2）劳务报酬支付原则：双方协商，但不得违背《民法典》中平等、自愿、公平、诚信等原则； （3）报酬支付形式：双方约定； （4）工作要求：可以要求劳务者承担一定的经济责任，不包含给予纪律处分
适用法律	适用劳动法	适用《民法典》中的平等、自愿、公平、诚信等原则
纠纷解决途径	劳动仲裁前置	可直接提起民事诉讼
保护时效	仲裁时效一年	适用三年诉讼时效

注：劳动合同或劳务合同不能仅凭合同名称来定性，需结合合同约定的具体条款，根据合同权利义务等定性，不能仅凭双方签订的是劳务合同就否认劳动关系。

（三）劳动法

广义的劳动法，指调整劳动关系和与劳动关系密切联系的其他社会关系的法律规范的总称。包括宪法中相关的劳动规范、法律中相关的劳动规范、行政法规中相关的劳动规范、部门规章中相关的劳动规范、地方性法规和地方性规章中相关的劳动规范、司法解释中相关的劳动规范等。如《中华人民共和国劳动法》《中华人民共和国劳动合同法》《最高人民法院关于审理劳动争议案件适用法律问题的解释（一）》等。

狭义的劳动法，指立法机关颁布的关于调整劳动关系以及与劳动关系密切联系的其他社会关系的全国性、综合性的法律，即《中华人民共和国劳动法》。

二、劳动合同

（一）劳动合同的概念

劳动合同是劳动者与用人单位确立劳动关系、明确双方权利和义务的协议。

（二）劳动合同的订立

劳动合同是要式合同，建立劳动关系应当订立书面劳动合同。

劳动合同的订立期限：用人单位与劳动者应当自用工之日起一个月内订立书面劳动合同。

未订立书面劳动合同的法律后果：用人单位自用工之日起超过一个月不满一年未与劳动者订立书面劳动合同的，应当向劳动者每月支付二倍的工资。

【知识拓展】劳动合同签订相关问题

（三）劳动合同的内容

劳动合同应当具备以下条款：①用人单位的名称、住所和法定代表人或者主要负责人；②劳动者的姓名、住址和居民身份证或者其他有效身份证件号码；③劳动合同期限；④工作内容和工作地点；⑤工作时间和休息休假；⑥劳动报酬；⑦社会保险；⑧劳动保护、劳动条件和职业危害防护；⑨法律、法规规定应当纳入劳动合同的其他事项。

上述条款为劳动合同必备条款，此外，用人单位还可以在劳动合同中与劳动者约定试用期、培训、保守秘密、补充保险和福利待遇等其他事项。

（四）劳动合同的种类

劳动合同的期限分为固定期限、无固定期限和以完成一定的工作任务为期限3种。根据劳动合同的期限对劳动合同进行分类，分为以下3种类型的劳动合同。

（1）固定期限劳动合同，指用人单位与劳动者约定确定的终止时间的劳动合同。

（2）无固定期限劳动合同，指用人单位与劳动者约定无确定终止时间的劳动合同，分为协商一致情形和法定情形。协商一致情形是指用人单位与劳动者双方协商一致，可以订立无固定期限劳动合同。法定情形是指在以下情形下，劳动者提出或者同意续订、订立劳动合同的，除劳动者提出订立固定期限劳动合同外，应当订立无固定期限劳动合同：劳动者在该用人单位连续工作满十年的；用人单位初次实行劳动合同制度或者国有企业改制重新订立劳动合同时，劳动者在该用人单位连续工作满十年且距法定退休年龄不足十年的；连续订立二次固定期限劳动合同，且劳动者没有《中华人民共和国劳动法》第三十九条和第四十条第一项、第二项规定的情形，续订劳动合同的；用人单位自用工之日起满一年不与劳动者订立书面劳动合同的，视为用人单位与劳动者已订立无固定期限劳动合同。

（3）以完成一定的工作任务为期限的劳动合同。

三、试用期

劳动合同可以约定试用期，也可以不约定试用期。

（一）劳动法对于试用期期限的规定

劳动法对于试用期期限的规定如表 6-2 所示。

表 6-2　不同劳动合同期限的试用期时长规定

劳动合同期限	试用期
3 个月以下	不得约定试用期
3 个月以上不满 1 年	不超过 1 个月
1 年以上不满 3 年	不超过 2 个月
三年以上或无固定期限劳动合同	不超过 6 个月

（二）试用期约定的法律注意要点

（1）同一个用人单位与同一劳动者只能约定一次试用期。

（2）不得约定试用期的两种情形：①以完成一定工作任务为期限的劳动合同。②劳动合同期限不满 3 个月的。

（3）用人单位与劳动者约定的试用期应当包含在劳动合同期限内。如果劳动合同仅约定试用期，则试用期不成立，该试用期限即为劳动合同期限。

（三）试用期工资

试用期的工资不得低于本单位相同岗位最低档工资或者劳动合同约定工资的百分之八十，并不得低于用人单位所在地的最低工资标准。

表 6-3 所示为 2024 年云南省最低工资标准及适用地区对照。

表 6-3　2024 年云南省最低工资标准及适用地区对照

地区类别	月最低工资标准/（元/月）	小时最低工资标准/（元/小时）	适用地区
一类地区	2 070	20	昆明市五华区、盘龙区、西山区、官渡区、呈贡区、晋宁区和安宁市、嵩明县

（续表）

地区类别	月最低工资标准/（元/月）	小时最低工资标准/（元/小时）	适用地区
二类地区	1 920	19	昆明市所辖其他各县及东川区；其他州市所辖县级市及市辖区；玉龙县和德钦县
三类地区	1 770	18	其他各县

【知识拓展】最低工资标准的劳动报酬是否包含社会保险个人应缴纳的部分？

四、劳动合同的履行、变更和终止

（一）劳动合同的履行

用人单位和劳动者均应按照合同约定严格履行义务。

用人单位如果出现名称、法定代表人变更、主要负责人变更或者投资人变更等事项，不影响劳动合同的履行，因为用人单位这一合同履行主体并未发生变更。

用人单位发生合并或者分立等情况，原劳动合同继续有效，劳动合同由承继其权利和义务的用人单位继续履行；如果主体名称发生变化，应从形式上变更劳动合同。

（二）劳动合同的变更

在劳动合同履行期间，如果用人单位和劳动者就劳动合同约定的工作地点、工作时间、劳动报酬等内容协商一致变更，则应采用书面形式变更劳动合同。

（三）劳动合同的终止

出现下列情形之一的，劳动合同终止：劳动合同期满的；劳动者开始依法享受基本养老保险待遇的；劳动者死亡，或者被人民法院宣告死亡或者宣告失踪的；用人单位被依法宣告破产的；用人单位被吊销营业执照、责令关闭、撤销或者用人单位决定提前解散的；法律、行政法规规定的其他情形。

注意：《中华人民共和国劳动合同法》规定了劳动者开始享受基本养老保险待遇时劳动合同终止的情形，但对于劳动者达到法定退休年龄但未享受基本养老保险待遇时劳动合同是否终止，司法实践中有争议，多数观点认为根据《中华人民共和国劳动合同法实施条例》第二十一条[①]的规定，该种情形下劳动合同亦应终止。

五、劳动合同的解除

（一）协商一致解除劳动合同

用人单位与劳动者双方协商一致，可以解除劳动合同。

（二）用人单位单方解除劳动合同（也称过失性辞退）

过失性辞退的情形下，用人单位可以解除劳动合同且无须支付经济补偿金。

（1）在试用期间被证明不符合录用条件的。

（2）严重违反用人单位的规章制度的。

（3）严重失职，徇私舞弊，给用人单位造成重大损害的。

（4）劳动者同时与其他用人单位建立劳动关系，对完成本单位的工作任务造成严重影响，或者经用人单位提出，拒不改正的。

（5）以欺诈、胁迫的手段或者乘人之危，使用人单位在违背真实意思的情况下订立或者变更劳动合同导致合同无效的。

（6）被依法追究刑事责任的。

【知识拓展】司法实践中的有关问题

（三）用人单位提前通知解除劳动合同（也称无过失性辞退）

无过失性辞退情形下，用人单位提前30日以书面形式通知劳动者本人或者额外支付劳动者一个月工资（即代通知金，即N+1的1）后，可以解除劳动合同。

（1）劳动者患病或者非因工负伤，在规定的医疗期满后不能从事原工作，也不能从事由用人单位另行安排的工作的。

（2）劳动者不能胜任工作，经过培训或者调整工作岗位，仍不能胜任工作的。

（3）劳动合同订立时所依据的客观情况发生重大变化，致使劳动合同无法履行，经用人单位与劳动者协商，未能就变更劳动合同内容达成协议的。

（四）劳动者提前通知解除劳动合同

劳动者提前30日以书面形式通知用人单位，可以解除劳动合同。劳动者在试用期

---

① 《中华人民共和国劳动合同法实施条例》第二十一条规定，劳动者达到法定退休年龄的，劳动合同终止。

内提前 3 日通知用人单位，可以解除劳动合同。

法律上仅规定了劳动者需提前通知，如劳动者未提前通知，给用人单位造成实际损失的，应承担赔偿责任，但司法实践中，实际损失的举证责任在用人单位，举证难度较大。

（五）劳动者单方解除劳动合同

劳动者可以解除劳动合同且用人单位要支付经济补偿的情形有以下 6 种。

（1）未按照劳动合同约定提供劳动保护或者劳动条件的。

（2）未及时足额支付劳动报酬的。

（3）未依法为劳动者缴纳社会保险费的。

（4）用人单位的规章制度违反法律、法规的规定，损害劳动者权益的。

（5）以欺诈、胁迫的手段或者乘人之危，使劳动者在违背真实意思的情况下订立或者变更劳动合同致使劳动合同无效的。

（6）法律、行政法规规定劳动者可以解除劳动合同的其他情形。

用人单位以暴力、威胁或者非法限制人身自由的手段强迫劳动者劳动的，或者用人单位违章指挥、强令冒险作业危及劳动者人身安全的，劳动者可以立即解除劳动合同，不需事先告知用人单位。

（六）用人单位不得解除劳动合同的情形

劳动者有下列情形之一的，用人单位不得依照无过失性辞退和经济性裁员的规定解除劳动合同。

（1）从事接触职业病危害作业的劳动者未进行离岗前职业健康检查，或者疑似职业病病人在诊断或者医学观察期间的。

（2）在本单位患职业病或者因工负伤并被确认丧失或者部分丧失劳动能力的。

（3）患病或者非因工负伤，在规定的医疗期内的。

（4）女职工在孕期、产期、哺乳期的。

（5）在本单位连续工作满十五年，且距法定退休年龄不足五年的。

（6）法律、行政法规规定的其他情形。

拓展思考

用人单位与孕期、产期、哺乳期的女职工是否一定不能解除劳动关系？

其实不然，劳动法只规定孕期、产期、哺乳期的女职工用人单位不能以无过失性辞退的原因和经济性裁员的原因解除劳动合同，但解除劳动合同的方式是多样的，即便女职工在孕期、产期、哺乳期，法律并不禁止协商一致解除劳动合同、过失性辞退等情形。

六、非全日制用工

（一）非全日制用工的概念

非全日制用工，是指以小时计酬为主，劳动者在同一用人单位一般平均每日工作时间不超过四小时，每周工作时间累计不超过二十四小时的用工形式。

（二）非全日制用工合同

非全日制用工合同属于非要式合同，可以订立口头协议。非全日制用工的劳动者可以与一个或者一个以上用人单位订立劳动合同；但是，后订立的劳动合同不得影响先订立的劳动合同的履行。

（三）非全日制用工的特点

非全日制用工双方不得约定试用期。

非全日制用工双方任一方均可随时通知对方终止用工；且终止用工时，用人单位无须支付经济补偿金。

非全日制用工小时计酬标准不得低于用人单位所在地人民政府规定的最低小时工资标准。

非全日制用工劳动报酬结算支付周期最长不得超过15日。

参考案例

劳动关系相关案例

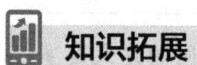

知识拓展 ▶

雇佣农民打零工是否构成劳动关系？

实用文书 ▶

劳动合同参考模板

任务二　工伤事故

📧 任务导入

员工上班期间突发疾病，未及时就医回家休息，在 48 小时内死亡能否视同工伤？

付某是重庆某公司员工，2017 年 10 月 31 日工作期间感到身体不适，16 时许离岗独自回到工地旁的宿舍休息，19 时许同事下班回到宿舍发现付某昏迷不醒后拨打 120 急救电话，120 急救车到达现场后初步诊断为突发呼吸心跳停止 2 小时余，导致心脏性猝死，医院出具《居民死亡医学证明（推断）书》，载明死亡原因：心脏性猝死。

公司向人社局申请工伤认定。人社局作出《不予认定工伤决定书》，付某家属不服该决定，向法院提起行政诉讼，请求法院依法撤销人社局作出的《不予认定工伤决定书》，判令其重新作出认定工伤决定。

一审法院经审理后认为：《工伤保险条例》第十五条第一款的规定主要是针对在工作时间、工作岗位上突发疾病，不能坚持工作，需要紧急到医院进行抢救的情况而设定。本案中，付某并未在工作时间和工作岗位突发疾病死亡，也未在工作时间和工作岗位突发疾病经抢救无效 48 小时内死亡。虽然其从身体不适回宿舍休息至其被发现死亡的时间在 48 小时之内，但并不符合《工伤保险条例》认定工伤的情形，也不符合《工伤保险条例》视同工伤的情形。

家属不服，提起上诉。二审法院判决认定回到宿舍休息，已经离开工作岗位，不在工作时间内，不符合视同工伤的规定。

家属仍不服，向高院申请再审，高院认为：普通劳动者个人由于缺乏医学专业知识，自身对病情的严重性难以做出客观科学鉴识，未及时选择治疗而请假休息缓解也符合常情常理，且由于身体素质的个体差异，不同疾病的表现严重程度也不尽相同，而苛求职工一旦突发疾病后就径直送往医院救治，不符合客观实际状况，且与人们生活情理相悖。突发疾病发作之初，劳动者即处于"危急状态"，应及时抢救不言而喻，但突发疾病发作时尚处于较次"重症状态"且有正当理由事后未能及时送医施救导致死亡若排除在视同工伤的范围之外，不仅有悖于日常生活经验，也难以取得社会公众的普遍认同。在此情况之下，在维持基本的社会道德观念前提下努力实现劳动者权益的最大化，并结合遵循按照社会法的法律规则运转的工伤保险基本理念予以统筹考虑，寻求更为公平、公正、合理并使社会公众普遍认同的解决方案，这是作为裁判决断的法院应有之责。后高院改判撤销原审判决，撤销人社局的《不予认定工伤决定书》，责令人社局重新作出工伤认定决定。

> **知识链接** ▶

一、工伤事故的概念

工伤事故又称劳动事故，有广义、狭义之分。狭义的工伤事故，人力资源社会保障部有关工伤保险的业务指南中指出，工伤事故应该是指适用《工伤保险条例》的所有用人单位的职工在工作过程中发生的人身伤害和急性中毒事故，其本质特征是由于工作原因直接或间接造成的伤害和急性中毒事故。

广义的工伤事故除上述内容外还包括罹患职业病。

二、工伤事故认定

（一）认定工伤的情形

（1）在工作时间和工作场所内，因工作原因受到事故伤害的。

（2）工作时间前后在工作场所内，从事与工作有关的预备性或者收尾性工作受到事故伤害的。

（3）在工作时间和工作场所内，因履行工作职责受到暴力等意外伤害的。

（4）患职业病的。

（5）因工外出期间，由于工作原因受到伤害或者发生事故下落不明的。

（6）在上下班途中，受到非本人主要责任的交通事故或者城市轨道交通、客运轮渡、火车事故伤害的。

（7）法律、行政法规规定应当认定为工伤的其他情形。

（二）视同工伤的情形

（1）在工作时间和工作岗位，突发疾病死亡或者在48小时之内经抢救无效死亡的。

（2）在抢险救灾等维护国家利益、公共利益活动中受到伤害的。

（3）职工原在军队服役，因战、因公负伤致残，已取得革命伤残军人证，到用人单位后旧伤复发的。

（三）不得认定为工伤或者视同工伤

（1）故意犯罪的。

（2）醉酒或者吸毒的。

（3）自残或者自杀的。

项目六 人力资源法律实务

知识拓展

如何认定"因工外出期间"及"上下班途中"

三、用工主体责任

用工主体责任,是法律拟制出的利益平衡条款,常见用于建设工程领域,建设工程领域挂靠、违法分包、违法转包频发,旨在保护不具备用工主体资格的组织或自然人招用的"劳动者"在出现因工伤(亡)时的合法权益。

具体为具备用工主体资格的承包单位违反法律、法规规定,将承包业务转包、分包给不具备用工主体资格的组织或者自然人,该组织或者自然人招用的劳动者从事承包业务时因工伤亡的,由该具备用工主体资格的承包单位承担用人单位依法应承担的工伤保险责任。

四、工伤事故处理

(一)工伤认定申请

工伤认定可以由用人单位提出申请,也可以由劳动者提出申请(图6-1)。

(1)用人单位一方申请。单位应当自事故伤害发生之日或者被诊断、鉴定为职业病之日起30日内,向统筹地区社会保险行政部门(一般为当地人力资源和社会保障局)提出工伤认定申请。遇有特殊情况,经报社会保险行政部门同意,申请时限可以适当延长。

特别注意。如果用人单位没有在30日内提交工伤认定申请,在此期间发生的工伤待遇等有关费用由该用人单位负担。

(2)劳动者一方申请。用人单位未在规定的时限内提出工伤认定申请的,受伤害职工或者其近亲属、工会组织在事故伤害发生之日或者被诊断、鉴定为职业病之日起1年内,可以直接向用人单位所在地统筹地区社会保险行政部门提出工伤认定申请。

特别注意。对超过1年申请期限有特别的规定,不属于职工或者其近亲属自身原因超过工伤认定申请期限的,被耽误的时间不计算在工伤认定申请期限内。以下几种情形均不属于职工或者其近亲属自身原因:①不可抗力;②人身自由受到限制;③属于用人单位原因;④社会保险行政部门登记制度不完善;⑤当事人对是否存在劳动关系申请仲裁、提起民事诉讼。

（3）工伤认定申请的材料。工伤认定申请表；与用人单位存在劳动关系（包括事实劳动关系）的证明材料（如劳动合同、工资条、工资发放记录等）；医疗诊断证明或者职业病诊断证明书（或者职业病诊断鉴定书）。

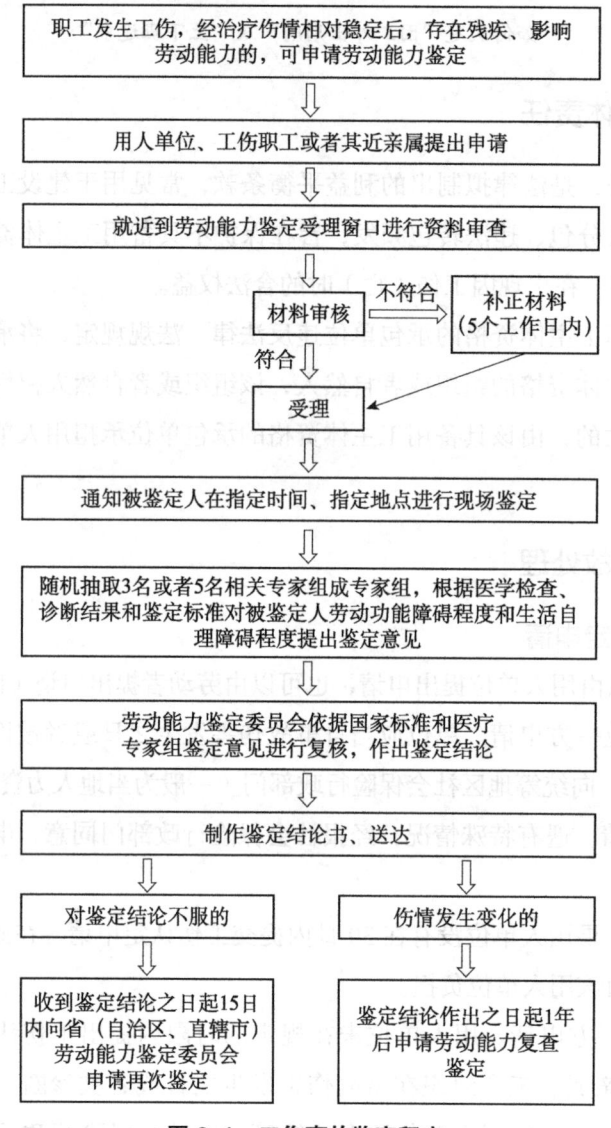

图 6-1　工伤事故鉴定程序

（二）社会保险行政部门受理工伤认定申请

（1）**受理或补正告知**。用人单位或劳动者、劳动者近亲属提出工伤认定申请后，符合受理条件的，社会保险行政部门接收材料受理，材料不齐的，开具一次性补正告知书，待材料齐全后予以受理。

（2）**调查核实**。社会保险行政部门受理用人单位或劳动者、劳动者近亲属的工伤认定申请后，根据审核需要可以向用人单位、职工、工会组织、医疗机构等对事故伤害进行调查核实。对依法取得职业病诊断证明书或者职业病诊断鉴定书的，社会保险行政部门不再进行调查核实。

职工或者其近亲属认为是工伤，用人单位不认为是工伤的，由用人单位承担举证责任。因此，用人单位与职工就事故伤害是否构成工伤意见不一致时，若用人单位未积极承担举证责任，则社会保险行政部门可能根据受伤害职工提供的证据或者调查取得的证据，依法作出工伤认定决定，用人单位因此承担举证不能的不利后果。

（三）劳动能力鉴定

1. 劳动能力鉴定的时间

坚持"先康复后鉴定"的原则，职工发生工伤，经治疗伤情相对稳定后存在残疾、影响劳动能力的，应当进行劳动能力鉴定。

安装内固定的工伤职工（除终身携带的内固定外），一般建议施行内固定取出术后申请鉴定。

2. 劳动功能障碍等级

劳动功能障碍分为十个伤残等级，最重的为一级，最轻的为十级。

生活自理障碍分为三个等级：生活完全不能自理、生活大部分不能自理和生活部分不能自理。

3. 劳动能力鉴定申请

申请主体：用人单位、工伤职工或者其近亲属均可以提出劳动能力鉴定申请。

受理部门：设区的市级劳动能力鉴定委员会，如昆明市劳动能力鉴定委员会。

申请材料：工伤认定决定书、劳动能力鉴定申请表、入院治疗相关病历材料、近期复查报告、身份证件等。

用人单位应根据工伤职工的恢复情况及地方政策规定的停工留薪期的具体期限，及时通知并安排工伤职工进行劳动能力鉴定，降低法律风险。

如职工拒绝接受劳动能力鉴定，用人单位如何维护权益？

如职工拒绝接受劳动能力鉴定，用人单位可向其发出书面通知，督促其进行劳动能力鉴定，并在通知中向其告知拒不接受劳动能力鉴定，将根据《工伤保险条例》第四十二条的规定，停止享受工伤保险待遇。如职工希望继续休养，用人单位可要求其提供协议医疗机构提供的诊疗证明及休假单等证明材料，计医疗期并发放病假工资。如该工伤职工拒不提供诊疗证明材料又拒绝接受劳动能力鉴定，用人单位可向其发送返岗通知，要求其在规定期限内返岗，并告知如未在规定时间内返岗，则视为旷工，属于违纪行为，公司将以其严重违纪为由与其解除劳动关系。

4. 受理

设区的市级劳动能力鉴定委员会收到劳动能力鉴定申请后，从其建立的医疗卫生专家库中随机抽取 3 名或者 5 名相关专家组成专家组，由专家组提出鉴定意见。劳动能力鉴定委员会根据专家组的鉴定意见作出工伤职工劳动能力鉴定结论；必要时，可以委托具备资格的医疗机构协助进行有关的诊断。

自收到劳动能力鉴定申请之日起 60 日内，劳动能力鉴定委员会作出劳动能力鉴定结论，必要时可延长 30 日。

5. 不服劳动能力鉴定结论的救济途径

再次鉴定申请：申请鉴定的单位或者个人对劳动能力鉴定委员会作出的鉴定结论不服的，可以在收到该鉴定结论之日起 15 日内向省（自治区、直辖市）劳动能力鉴定委员会提出再次鉴定申请。省（自治区、直辖市）劳动能力鉴定委员会作出的劳动能力鉴定结论为最终结论。

劳动能力复查鉴定：自劳动能力鉴定结论作出之日起 1 年后，工伤职工或者其近亲属、所在单位或者经办机构认为伤残情况发生变化的，可以申请劳动能力复查鉴定。

五、工伤保险待遇

工伤保险待遇是指职工因工发生暂时或永久人身健康或生命损害时，由工伤保险基金或用人单位支付的一系列费用。

（一）支付主体

工伤保险待遇支付的主体包括工伤保险基金和用人单位。

（二）工伤保险待遇的内容

工伤保险待遇主要包含治疗工伤的医疗费用和康复费用，住院伙食补助费，参保所在市（自治州）以外就医的交通食宿费，经劳动能力鉴定委员会确认需安装配置伤残辅助器具的费用，生活不能自理的、经劳动能力鉴定委员会确认的生活护理费。一次性伤残补助金和一至四级伤残职工按月领取的伤残津贴，终止或者解除劳动合同时，应当享受的一次性工伤医疗补助金，因工死亡遗属领取的丧葬补助金，供养亲属抚恤金和一次性工亡补助金等费用。

1. 医疗费

职工治疗工伤应当在签订服务协议的医疗机构就医，情况紧急时可以先到就近的医疗机构急救。在非定点协议医疗机构急救后，用人单位、工伤职工或者其亲属应当在 7 个工作日内到社会保险经办机构备案，伤情稳定后应当转到定点协议医疗康复机构治疗。

治疗工伤所需费用符合工伤保险诊疗项目目录、工伤保险药品目录、工伤保险住院服务标准的，从工伤保险基金支付。

对于超出工伤保险诊疗项目目录、工伤保险药品目录、工伤保险住院服务标准的，法律上没有明确规定，故司法实践中对于超出目录或标准的费用支付问题存在争议。部分法院认为，综合考虑用人单位对职工的责任，对于目录或标准外的费用，如属于职工支出的必要、合理费用，则由用人单位承担。但部分法院认为，用人单位仅需承担目录或标准内的费用，不应扩大用人单位责任。因此，建议用人单位积极介入工伤事故治疗，参与治疗费用管控，避免负担超出目录或标准的超额费用。

2. 住院伙食补助费、交通费、食宿费

职工住院治疗工伤的，由用人单位按统筹地区因公出差伙食补助标准的 70% 发给住院伙食补助费；经医疗机构出具证明，报经办机构同意，工伤职工到统筹地区以外就医的，所需交通、食宿费用由所在单位按照本单位职工因公出差标准报销。

云南省 2024 年度工伤职工住院伙食补助费标准为 31 元 / 天。

3. 安装配置伤残辅助器具所需费用

工伤职工因日常生活或者就业需要，经劳动能力鉴定委员会确认，可以安装假肢、矫形器、假眼、假牙和配置轮椅等辅助器具，所需费用按照国家规定的标准从工伤保险基金支付。

需注意的是，辅助器具一般应当限于辅助日常生活及生产劳动之必需，并采用国内市场的普及型产品。工伤职工选择其他型号产品，费用高出普及型部分，由个人自付。

4. 康复费

工伤康复费是工伤职工到签订服务协议的医疗机构进行工伤康复的费用，符合规定的，从工伤保险基金支付。

5. 停工留薪期待遇

停工留薪期内，原工资福利待遇不变，由所在单位按月支付。停工留薪期一般不超过 12 个月。伤情严重或者情况特殊，经设区的市级劳动能力鉴定委员会确认，可以适当延长，但延长不得超过 12 个月。

2018 年 1 月 5 日，云南省人力资源和社会保障厅发布《云南省工伤职工停工留薪

期管理办法（试行）》以及《云南省工伤职工停工留薪期分类目录》，按照不同伤情确定了不同的停工留薪期。

6. 护理费

生活不能自理的工伤职工在停工留薪期需要护理的，由所在单位负责。如果单位未安排护理，则由单位支付护理费。但是对于护理费标准如何确定，并无明确标准。

工伤职工已经评定伤残等级并经劳动能力鉴定委员会确认需要生活护理的，从工伤保险基金按月支付生活护理费，分为以下三个等级标准。

生活完全不能自理：社平工资×50%。
生活大部分不能自理：社平工资×40%。
生活部分不能自理：社平工资×30%。

7. 一次性伤残补助金

职工因工致残被鉴定为一级至十级伤残的，由工伤保险基金支付一次性伤残补助金，标准见表6-4。

表6-4 一次性伤残补助金标准

伤残等级	补助标准
一级伤残	本人工资×27个月
二级伤残	本人工资×25个月
三级伤残	本人工资×23个月
四级伤残	本人工资×21个月
五级伤残	本人工资×18个月
六级伤残	本人工资×16个月
七级伤残	本人工资×13个月
八级伤残	本人工资×11个月
九级伤残	本人工资×9个月
十级伤残	本人工资×7个月

注：本人工资，是指工伤职工因工作遭受事故伤害或者患职业病前12个月平均月缴费工资。工资高于统筹地区职工平均工资300%的，按照统筹地区职工平均工资的300%计算；工资低于统筹地区职工平均工资60%的，按照统筹地区职工平均工资的60%计算。

8. 伤残津贴

职工因工致残被鉴定为一级至六级伤残的，按月支付伤残津贴，支付标准见表6-5。

表 6-5 伤残津贴支付标准

伤残等级	支付标准
一级伤残	本人工资 ×90%
二级伤残	本人工资 ×85%
三级伤残	本人工资 ×80%
四级伤残	本人工资 ×75%
五级伤残	本人工资 ×70%
六级伤残	本人工资 ×60%

一级至四级伤残津贴由工伤保险基金支付，实际金额低于当地最低工资标准的，由工伤保险基金补足差额。五级和六级伤残津贴由用人单位在难以安排工作的情况下支付，伤残津贴实际金额低于当地最低工资标准的，用人单位补足差额。工伤职工达到退休年龄并办理退休手续后，停发伤残津贴，享受基本养老保险待遇。基本养老保险待遇低于伤残津贴的，由工伤保险基金补足差额。

9. 一次性工伤医疗补助金和一次性伤残就业补偿金

职工因工致残被鉴定为五级、六级伤残的，经工伤职工本人提出，职工可以与用人单位解除或者终止劳动关系；七级至十级伤残的，劳动合同期满终止，或者职工本人提出解除劳动合同的。

上述两种情形，由用人单位支付一次性工伤医疗补助金和一次性伤残就业补助金，具体标准见表 6-6。

表 6-6 一次性工伤医疗补助金和一次性伤残就业补助金支付标准

伤残等级	一次性工伤医疗补助金	一次性伤残就业补助金
五级伤残	统筹工资 ×15 个月	统筹工资 ×33 个月
六级伤残	统筹工资 ×13 个月	统筹工资 ×29 个月
七级伤残	统筹工资 ×8 个月	统筹工资 ×22 个月
八级伤残	统筹工资 ×6 个月	统筹工资 ×18 个月
九级伤残	统筹工资 ×3 个月	统筹工资 ×13 个月
十级伤残	统筹工资 ×2 个月	统筹工资 ×7 个月

10. 丧葬补助金、供养亲属抚恤金和一次性工亡补助金

职工因工死亡，其直系亲属可以从工伤保险基金领取丧葬补助金、供养亲属抚恤金和一次性工亡补助金，具体标准见表 6-7。

表6-7 丧葬补助金、供养亲属抚恤金和一次性工亡补助金标准

项目	支付标准
丧葬补助金	统筹地区上年度职工月平均工资×6个月
供养亲属抚恤金	领取人：因工死亡职工生前提供主要生活来源、无劳动能力的亲属。 标准：职工本人工资的一定比例，配偶每月40%，其他亲属每人每月30%，孤寡老人或者孤儿每人每月在上述标准的基础上增加10%。合计不高于因工死亡职工生前的工资
一次性工亡补助金	48～60个月的统筹地区上年度职工月平均工资

【知识拓展】工伤保险与侵权责任的竞合处理

六、生产安全事故报告和调查

（一）生产安全事故报告处理制度的概念

生产安全事故报告处理制度是指国家制定的生产经营活动中发生的造成人身伤亡或者直接经济损失的生产安全事故时，对事故进行报告、统计、调查和处理的各项程序和具体规定。具体法律依据为《生产安全事故报告和调查处理条例》。

（二）生产安全事故的等级

根据《生产安全事故报告和调查处理条例》第三条的规定，生产安全事故一般分为以下4个等级。

（1）特别重大事故，是指造成30人以上死亡，或者100人以上重伤（包括急性工业中毒，下同），或者1亿元以上直接经济损失的事故（本条款的以上包含本数，以下不包括本数）。

（2）重大事故，是指造成10人以上30人以下死亡，或者50人以上100人以下重伤，或者5 000万元以上1亿元以下直接经济损失的事故。

（3）较大事故，是指造成3人以上10人以下死亡，或者10人以上50人以下重伤，或者1 000万元以上5 000万元以下直接经济损失的事故。

（4）一般事故，是指造成3人以下死亡，或者10人以下重伤，或者1 000万元以下直接经济损失的事故。

（三）生产安全事故报告流程

必要时，安全生产监督管理部门和负有安全生产监督管理职责的有关部门可以越

级上报事故情况。

安全生产监督管理部门和负有安全生产监督管理职责的有关部门逐级上报事故情况，每级上报的时间不得超过 2 小时。

（四）生产安全事故报告内容

事故发生单位概况；事故发生的时间、地点以及事故现场情况；事故的简要经过；事故已经造成或者可能造成的伤亡人数（包括下落不明的人数）和初步估计的直接经济损失；已经采取的措施；其他应当报告的情况。

事故报告后出现新情况的，应当及时补报。

自事故发生之日起 30 日内，事故造成的伤亡人数发生变化的，应当及时补报。道路交通事故、火灾事故自发生之日起 7 日内，事故造成的伤亡人数发生变化的，应当及时补报（图 6-2）。

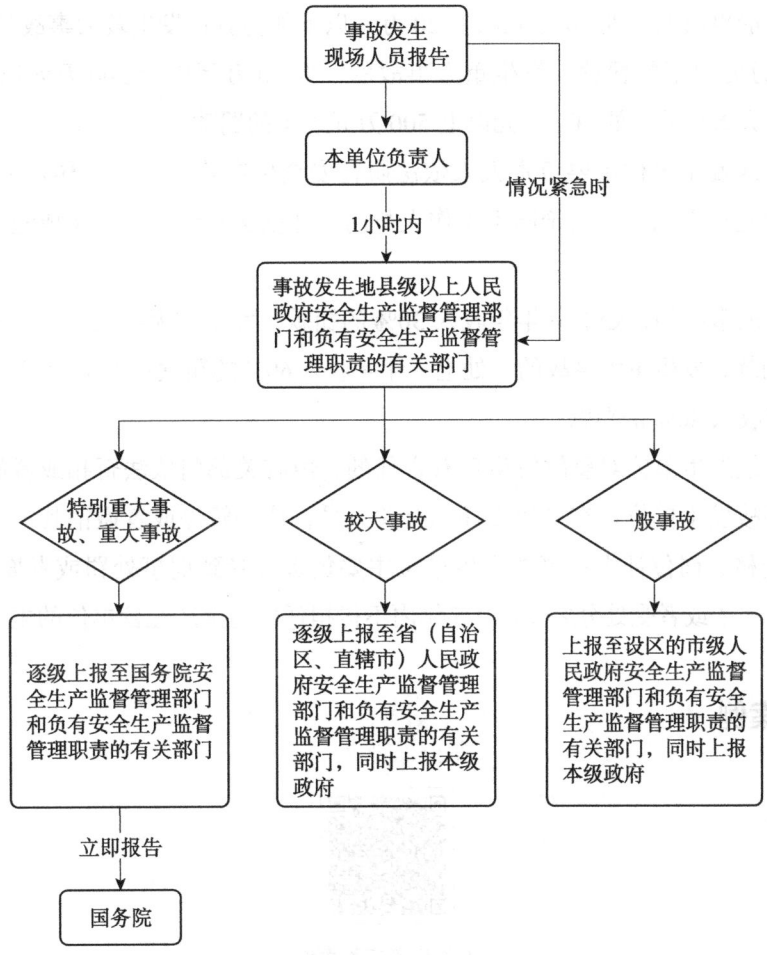

图 6-2　企业生产安全事故报告程序

(五)企业及企业人员发生生产安全事故的法律责任

(1) 事故发生单位主要负责人,有下列行为之一的,处上一年年收入40%~80%的罚款;属于国家工作人员的,并依法给予处分;构成犯罪的,依法追究刑事责任:不立即组织事故抢救的;迟报或者漏报事故的;在事故调查处理期间擅离职守的。

(2) 事故发生单位及其有关人员,有下列行为之一的,对事故发生单位处100万元以上500万元以下的罚款;对主要负责人、直接负责的主管人员和其他直接责任人员处上一年年收入60%~100%的罚款;属于国家工作人员的,并依法给予处分;构成违反治安管理行为的,由公安机关依法给予治安管理处罚;构成犯罪的,依法追究刑事责任:谎报或者瞒报事故的;伪造或者故意破坏事故现场的;转移、隐匿资金、财产,或者销毁有关证据、资料的;拒绝接受调查或者拒绝提供有关情况和资料的;在事故调查中作伪证或者指使他人作伪证的;事故发生后逃匿的。

(3) 事故发生单位对事故发生负有责任的,依照下列规定处以罚款。

发生一般事故的,处10万元以上20万元以下的罚款;发生较大事故的,处20万元以上50万元以下的罚款;发生重大事故的,处50万元以上200万元以下的罚款;发生特别重大事故的,处200万元以上500万元以下的罚款。

(4) 事故发生单位主要负责人未依法履行安全生产管理职责,导致事故发生的,依照下列规定处以罚款;属于国家工作人员的,并依法给予处分;构成犯罪的,依法追究刑事责任。

发生一般事故的,处上一年年收入30%的罚款;发生较大事故的,处上一年年收入40%的罚款;发生重大事故的,处上一年年收入60%的罚款;发生特别重大事故的,处上一年年收入80%的罚款。

(5) 事故发生单位对事故发生负有责任的,由有关部门依法暂扣或者吊销其有关证照;对事故发生单位负有事故责任的有关人员,依法暂停或者撤销其与安全生产有关的执业资格、岗位证书;事故发生单位主要负责人受到刑事处罚或者撤职处分的,自刑罚执行完毕或者受处分之日起,5年内不得担任任何生产经营单位的主要负责人。

参考案例

工伤认定有关案例

实用文书

和解协议

任务三　劳动争议解决方式

任务导入

2020年12月1日，某公司与李某订立劳动合同，约定李某承担研发岗位工作，合同期限3年；离职应当办理工作交接手续，交还工具、技术资料等，造成损失据实赔偿等内容。2022年2月15日，李某向某公司提出辞职，随即离开且拒不办理工作交接手续。某公司通过启动备用方案、招聘人员、委托设计等措施补救研发项目，因研发设计进度延误、迟延交付样机承担了违约责任。某公司向某劳动人事争议仲裁委员会申请仲裁，提出李某赔偿损失等请求。某劳动人事争议仲裁委员会不予受理。某公司遂诉至人民法院。

审理法院认为，劳动合同解除或者终止后，劳动者应当按照双方约定，办理工作交接手续。劳动者未履行前述义务给用人单位造成损失的，应当承担赔偿责任。李某作为某公司的研发人员，未提前30日通知某公司即自行离职，且拒绝办理交接手续，其行为违反了《中华人民共和国劳动合同法》第三十七条规定的劳动者提前30日以书面形式通知用人单位，可以解除劳动合同的规定，应当按照第九十条有关劳动者赔偿责任的规定对某公司的损失承担赔偿责任。审理法院综合考量李某参与研发的时间、离职的时间、本人工资水平等因素，酌定李某赔偿某公司损失50 000元。

常见的劳动争议为劳动者和用人单位之间因工资、社保、经济补偿金等引起的纠纷，常见的劳动争议为劳动者告用人单位。上述案例展示了劳动争议的另一种形式，即用人单位告劳动者。劳动者给用人单位造成损失时，用人单位有权向劳动者索赔。

知识链接

一、劳动争议

劳动争议，是指基于劳动关系下，用人单位与劳动者之间的因劳动权利和劳动义务发生的争议，这些争议可能涉及工资、工时、福利待遇、保险、劳动条件、解雇与裁员等多个方面。

二、劳动争议的类型

用人单位与劳动者之间，常因以下原因发生争议。

（1）工资纠纷：涉及工资的数额、发放方式、发放时间等。

（2）工作时间与休假纠纷：涉及工作时间、加班、休假等问题。

（3）福利待遇纠纷：包括社会保险、公积金、年终奖、补贴等。

（4）解雇与裁员纠纷：因解雇、裁员产生的争议，如经济补偿、解雇原因等。

（5）工伤与职业病纠纷：涉及工伤认定、工伤赔偿等问题。

（6）劳动合同纠纷：关于劳动合同的签订、履行、变更和终止、解除等。

值得注意的是，并非所有用人单位与劳动者之间的争议都是劳动争议，下列争议纠纷法律明确规定不属于劳动争议。

（1）劳动者请求社会保险经办机构发放社会保险金的纠纷。

（2）劳动者与用人单位因住房制度改革产生的公有住房转让纠纷。

（3）劳动者对劳动能力鉴定委员会的伤残等级鉴定结论或者对职业病诊断鉴定委员会的职业病诊断鉴定结论的异议纠纷。

（4）家庭或者个人与家政服务人员之间的纠纷。

（5）个体工匠与帮工、学徒之间的纠纷。

（6）农村承包经营户与受雇人之间的纠纷。

三、劳动纠纷解决方式

用人单位和劳动者间发生劳动争议时，双方可以采取以下方式解决。

（一）协商

发生劳动争议时，用人单位和劳动者应先尝试通过友好协商，达成双方都能接受的解决方案。协商是最高效和最便捷的处理办法。

（二）调解

发生劳动争议，当事人不愿协商、协商不成或者达成和解协议后不履行的，可以向调解组织申请调解，常见的调解组织有企业劳动争议调解委员会；依法设立的基层人民调解组织；在乡镇、街道设立的具有劳动争议调解职能的组织。

调解，是在当事人自愿的前提下，由第三方主持，依法劝解用人单位和劳动者双方互谅互让，就争议事项达成一致意见，解决争议。调解作为解决劳动争议的基本手段，贯穿于劳动争议处理的全过程，除专业调解机构等调解外，劳动仲裁和诉讼中，劳动人事争议仲裁院和人民法院在审理劳动争议时，也会进行调解。

当事人申请劳动争议调解可以书面申请，也可以口头申请。口头申请的，调解组织应当当场记录申请人基本情况、申请调解的争议事项、理由和时间。

(三)仲裁

当调解无果或一方不同意调解时,可以向劳动争议仲裁委员会申请仲裁。仲裁结果具有法律效力,双方必须遵守。

1. 管辖

由劳动合同履行地或者用人单位所在地的劳动争议仲裁委员会管辖。双方分别向劳动合同履行地和用人单位所在地的劳动争议仲裁委员会申请仲裁的,由劳动合同履行地的劳动争议仲裁委员会管辖。

劳动争议仲裁委员会按照统筹规划、合理布局和适应实际需要的原则设立。省、自治区人民政府可以决定在市、县设立;直辖市人民政府可以决定在区、县设立。直辖市、设区的市也可以设立一个或者若干个劳动争议仲裁委员会。劳动争议仲裁委员会不按行政区划层层设立。

2. 仲裁参加人

发生劳动争议的劳动者和用人单位为劳动争议仲裁案件的双方当事人。劳务派遣单位或者用工单位与劳动者发生劳动争议的,劳务派遣单位和用工单位为共同当事人。与劳动争议案件的处理结果有利害关系的第三人,可以申请参加仲裁活动或者由劳动争议仲裁委员会通知其参加仲裁活动。

3. 仲裁时效

劳动争议申请仲裁的时效期间为一年。自当事人知道或者应当知道其权利被侵害之日起计算。

仲裁时效中断:仲裁时效因当事人一方向对方当事人主张权利,或者向有关部门请求权利救济或者对方当事人同意履行义务而中断。从中断时起,仲裁时效期间重新计算。

仲裁时效终止:因不可抗力或者有其他正当理由,当事人不能在一年仲裁时效内申请仲裁的,仲裁时效中止。从中止时效的原因消除之日起,仲裁时效期间继续计算。

一年仲裁时效的特殊规定:劳动关系存续期间因拖欠劳动报酬发生争议的,劳动者申请仲裁不受本条第一款规定的仲裁时效期间的限制;但是,劳动关系终止的,应当自劳动关系终止之日起一年内提出。

4. 程序

申请:申请人申请仲裁应当提交书面仲裁申请,并按照被申请人人数提交副本。书写仲裁申请确有困难的,可以口头申请,由劳动争议仲裁委员会记入笔录,并告知对方当事人。

受理:劳动争议仲裁委员会自收到仲裁申请之日起5日内,符合受理条件的,应当受理并通知申请人；不符合受理条件的，应当书面通知申请人不予受理并说明理由。

对劳动争议仲裁委员会不予受理或者逾期未作出决定的，申请人可以就该劳动争议事项向人民法院提起诉讼。

劳动争议仲裁委员会受理仲裁申请后，应当在5日内将仲裁申请书副本送达被申请人。

被申请人收到仲裁申请书副本后，应当在10日内向劳动争议仲裁委员会提交答辩书。劳动争议仲裁委员会收到答辩书后，应当在5日内将答辩书副本送达申请人。被申请人未提交答辩书的，不影响仲裁程序的进行。

开庭：劳动仲裁由仲裁庭审理，仲裁庭由三名仲裁员组成，设首席仲裁员。简单劳动争议案件可以由一名仲裁员独任仲裁。在仲裁过程中当事人有权进行质证和辩论。质证和辩论终结时，首席仲裁员或者独任仲裁员应当征询当事人的最后意见。

回避制度：当事人如果认为仲裁员是本案当事人或者当事人、代理人的近亲属的、与本案有利害关系的、与本案当事人、代理人有其他关系，可能影响公正裁决的、私自会见当事人、代理人，或者接受当事人、代理人的请客送礼的，当事人可以口头或者书面方式提出回避申请。

证据：发生劳动争议，当事人对自己提出的主张，有责任提供证据。与争议事项有关的证据属于用人单位掌握管理的，用人单位应当提供；用人单位不提供的，应当承担不利后果。

当事人未到庭如何处理？

申请人收到书面通知，无正当理由拒不到庭或者未经仲裁庭同意中途退庭的，可以视为撤回仲裁申请。

被申请人收到书面通知，无正当理由拒不到庭或者未经仲裁庭同意中途退庭的，可以缺席裁决。

裁决：自受理劳动仲裁申请之日起45日内应结束案件审理，案情复杂需要延期的，经劳动争议仲裁委员会主任批准，可以延期并书面通知当事人，但是延长期限不得超过15日。逾期未作出仲裁裁决的，当事人可以就该劳动争议事项向人民法院提起诉讼。

> 知识拓展

一裁终局

（四）诉讼

用人单位和劳动者对于一裁终局案的其他劳动争议案件的仲裁裁决不服的，可以自收到仲裁裁决书之日起 15 日内向人民法院提起诉讼；期满不起诉的，裁决书发生法律效力。

我国没有专门的劳动争议程序法，所以人民法院在审理劳动争议案件时，适用《民事诉讼法》和最高人民法院发布的相关司法解释［如《最高人民法院关于审理劳动争议案件适用法律问题的解释（一）》］。

1. 劳动争议受案范围

（1）劳动者与用人单位在履行劳动合同过程中发生的纠纷。

（2）劳动者与用人单位之间没有订立书面劳动合同，但已形成劳动关系后发生的纠纷。

（3）劳动者与用人单位因劳动关系是否已经解除或者终止，以及应否支付解除或者终止劳动关系经济补偿金发生的纠纷。

（4）劳动者与用人单位解除或者终止劳动关系后，请求用人单位返还其收取的劳动合同定金、保证金、抵押金、抵押物发生的纠纷，或者办理劳动者的人事档案、社会保险关系等移转手续发生的纠纷。

（5）劳动者以用人单位未为其办理社会保险手续，且社会保险经办机构不能补办导致其无法享受社会保险待遇为由，要求用人单位赔偿损失发生的纠纷。

（6）劳动者退休后，与尚未参加社会保险统筹的原用人单位因追索养老金、医疗费、工伤保险待遇和其他社会保险待遇而发生的纠纷。

（7）劳动者因为工伤、职业病，请求用人单位依法给予工伤保险待遇发生的纠纷。

（8）劳动者依据《中华人民共和国劳动合同法》第八十五条规定，要求用人单位支付加付赔偿金发生的纠纷。

（9）因企业自主进行的改制而发生的纠纷。

2. 管辖

由用人单位所在地或者劳动合同履行地的基层人民法院管辖。

3. 起诉条件

（1）原告适格，是劳动争议当事人。

（2）明确的被告，有具体的诉讼请求，写明事实依据，劳动仲裁程序中的仲裁委员会不是被告。

（3）劳动仲裁前置，须经劳动仲裁程序后再起诉。

（4）期限：收到仲裁裁决书15日内，逾期的人民法院不予受理。

（5）属于人民法院受案范围。

（6）属于人民法院管辖，必须向有管辖权的人民法院起诉。

4. 审理程序

人民法院受理劳动争议案件适用民事诉讼法的规定。

 参考案例

劳动争议有关案例

实用文书

劳动仲裁申请书　　　民事起诉状（劳动争议）

项目七　农业科技法律实务

项目概述

我国农业要取得实质性的发展，必须依赖科技创新。支持、滋养这些创造者的正是知识产权制度本身。加强对农业知识产权的保护，无疑会促进科研人员进行农业科技创新，同时，也有利于农业科技成果的推广应用，促进农业产业化、规模化发展，提高农业生产经营的市场竞争力。

农业作为国民经济的基础，其稳定发展直接关系到国家粮食安全、农民收入增加和农村社会稳定。农业知识产权保护是农业科技法律实务的重要组成部分，涵盖了涉农专利、商标、版权，以及植物新品种、地理标志等。本项目主要介绍农业科技发展中的知识产权知识，以确保农业科技活动在法律框架内有序进行，保障各方合法权益，促进农业科技的持续健康发展。

任务一　农业科技与知识产权

任务导入

在强化农业科技支撑方面，2024年中央一号文件提出措施有：优化农业科技创新战略布局，支持重大创新平台建设；加快推进种业振兴行动，完善联合研发和应用协作机制，加大种源关键核心技术攻关，加快选育推广生产急需的自主优良品种；开展重大品种研发推广应用一体化试点；推动生物育种产业化扩面提速；大力实施农机装备补短板行动，完善农机购置与应用补贴政策，开辟急需适用农机鉴定"绿色通道"；加强基层农技推广体系条件建设，强化公益性服务功能。

在资源环境约束趋紧的背景下，传统农业发展模式已难以满足现代社会对农产品数量、质量和安全性的多元化需求。农业科技创新成为推动农业转型升级、实现可持续发展的关键驱动力，知识产权保护助力农业科技成果有效转化。

知识链接

一、农业科技对农业发展的重要性

农业科技在现代农业发展中的重要性不言而喻。它不仅是提高农业生产效率、保障粮食安全、促进农民增收的关键手段，还是改良作物品种、创新病虫害防治、实现资源高效利用、保护生态环境以及助力乡村振兴的重要途径。未来，随着科技的不断发展和创新，农业科技将在更多领域发挥更加重要的作用，推动全球农业向更加绿色、高效、可持续的方向发展。

多年来，我国在农业科技基础研究、应用基础研究、关键核心技术攻关等方面取得了一系列突破，农业科技进步贡献率从 2012 年的 54.5% 提高到 2023 年的 62.4%，提升了近 8 个百分点。核心种源"卡脖子"问题得到缓解，畜禽、水产核心种源自给率分别超过 75%、85%，作物良种覆盖率超过 96%；农业农村现代化水平大幅提升，农作物耕种收综合机械化率达到 73%，智慧农业、数字乡村建设不断深入；农业科技创新和产学研深度融合成效显著，建成国家级农业科研平台 867 个。科技创新已成为农业农村现代化的第一驱动力。

二、我国知识产权发展及农村科技发展规划

中共中央、国务院印发的《知识产权强国建设纲要（2021—2035 年）》明确，到 2025 年，知识产权强国建设取得明显成效，知识产权保护更加严格，社会满意度达到并保持较高水平，知识产权市场价值进一步凸显，品牌竞争力大幅提升，专利密集型产业增加值占 GDP 比重达到 13%，版权产业增加值占 GDP 比重达到 7.5%，知识产权使用费年进出口总额达到 3 500 亿元，每万人口高价值发明专利拥有量达到 12 件（上述指标均为预期性指标）。到 2035 年，我国知识产权综合竞争力跻身世界前列，知识产权制度系统完备，知识产权促进创新创业蓬勃发展，全社会知识产权文化自觉基本形成，全方位、多层次参与知识产权全球治理的国际合作格局基本形成，中国特色、世界水平的知识产权强国基本建成。

2023 年，我国知识产权实现量质双提升。全年授权发明专利 92.1 万件，同比增长 15.3%。核准注册商标 438.3 万件，认定地理标志产品 13 件，核准以地理标志注册集体商标、证明商标 201 件。登记集成电路布图设计 1.1 万件。作品、计算机软件著作权登记量分别达 642.8 万件和 249.5 万件，同比分别增长 42.3% 和 36.0%。授予农业植物新品种权 8 385 件、林草植物新品种权 915 件。在世界知识产权组织发布的《2023 年全球创新指数报告》中，我国拥有的全球百强科技集群数量达到 24 个，首次跃居全球第一。

2017年，科技部、农业部、教育部、工业和信息化部、国土资源部、环境保护部、住房城乡建设部、水利部、国资委、国家质检总局、国家林业局、中国科学院、中国气象局、国家粮食局、国家海洋局、供销合作总社共同编制了《"十三五"农业农村科技创新专项规划》。

农业农村部2021年发布《"十四五"全国农业农村科技发展规划》。

农业农村部、国家发展改革委、科技部、自然资源部、生态环境部、国家林草局2021年制定了《"十四五"全国农业绿色发展规划》。

三、知识产权在农业科技中的应用

（一）专利权

专利，是指一项发明创造向国家知识产权局提出专利申请，经依法审查合格后向专利申请人授予的在规定的时间内对该项发明创造享有的独占其使用权的专有权。

我国专利分为发明专利、实用新型专利、外观设计专利3种。

涉农专利是农业知识产权的重要组成部分，主要涵盖农作物育种、农业生物技术、农业机械设备、农产品加工技术、农业信息技术等领域的发明专利、实用新型专利和外观设计专利。这些专利不仅保护了农业科技创新成果，还激励了农业科研人员和企业的创新热情，促进了农业技术的快速转化与应用。

肥料和饲料新配方、农药和兽药组合物、食品、饮料和调味品的加工技术、新的微生物菌种及产品、动植物育种的非生物学方法均可申请发明专利。

农机具和渔具的发明与改进，可申请发明专利或实用新型专利。

农产品的包装既符合专利法关于新颖性的要求，也可以作为外观设计专利的客体。

（二）商标权

商标是用以区别商品和服务不同来源的商业性标志，由文字、图形、字母、数字、三维标志、颜色组合、声音或者上述要素的组合构成。商标是用来区别一个经营者的商品品牌或服务和其他经营者的商品或服务的标记。任何能够将自然人、法人或者其他组织的商品与他人的商品区别开的标志，包括文字、图形、字母、数字、三维标志、颜色组合和声音等，以及上述要素的组合，均可以作为商标申请注册。

商标是农业品牌建设的重要载体，代表着农产品的品质、信誉和市场竞争力。通过注册农业品牌商标，可以有效保护农产品免受假冒伪劣产品的侵害，提升品牌知名度和美誉度。

商标有效期为10年，自注册公告之日起计算。不同的是，有效期满，需要继续使用的，应当在期满前12个月内办理续展手续；在此期间未能办理的，可以给予6个月的宽展期。每次续展注册的有效期为 10 年，自该商标上一届有效期满次日起计算。期满未办理续展手续的，注销其注册商标。

（三）著作权

著作权又叫版权。农业领域的版权保护也不容忽视，特别是针对农业科研成果的文字、图片、视频等表现形式，应确保创作者的知识产权得到尊重和维护。

（四）植物新品种权

植物新品种权（Plant Variety Rights），简称品种权，也称"植物育种者权利"（Plant Breeder's Rights，PBR），是指完成育种的单位和个人对其获得授权的品种，享有排他的独占权。根据《民法典》第一百二十三条的规定，新品种权与专利权、著作权、商标权等一样，同属于知识产权的范畴。植物新品种是指经过人工培育的或者对发现的野生植物加以开发，具备新颖性、特异性、一致性、稳定性，并有适当命名的植物新品种。完成育种的单位和个人对其授权的品种，享有排他的独占权，即拥有植物新品种权。植物品种权的保护期限，自授权之日起，藤本植物、林木、果树和观赏树木为 20 年，其他植物为 15 年。

（五）地理标志权

地理标志权是指农产品或食品因其来源于某一特定地域，该地域的自然条件或人文因素赋予了该产品独特的品质特征，从而获得的特殊保护权利。地理标志不仅是对农产品产地和品质的认证，也是提升农产品附加值、增强市场竞争力的重要手段。

（六）生物遗传资源权

按照联合国粮食及农业组织的定义，"农业遗传资源权"指的是那些长期以来为保存、改良和提供植物遗传资源作出贡献的农民，特别是那些生活在原产地和生物多样性中心的农民所享有的权利。其核心内容是植物遗传资源和相关传统知识的归属及其后续开发利益的分享。广义上，"农业遗传资源权"还包括为动物等遗传资源作出贡献的人们所享有的权利。近年来，"农业遗传资源权"不仅成为联合国粮食及农业组织、《生物多样性公约》组织和世界知识产权组织的讨论对象，更是世界贸易组织启动的新一轮全球多边贸易谈判中有关知识产权的内容之一。

《生物多样性公约》第 2 条对遗传资源的定义为："具有实用或潜在使用价值的遗传材料"；而"遗传材料"是指"来自动物、植物、微生物或其他来源的任何含有遗传功能单位的材料"。

根据《生物多样性公约》的定义，传统知识是指在长期的经验基础上形成的、适应地方文化和环境的知识、创新和实践。它属于集体，可以通过书面形式代代相传，也可以通过歌曲、传说、谚语、信仰、习惯法和土著语言表达。

（七）商业秘密权

商业秘密是企业在生产经营活动中形成的、不为公众所知悉、具有商业价值并经权利人采取保密措施的技术信息和经营信息。在农业领域，许多先进的栽培技术、病虫害防治方法、市场营销策略等都属于商业秘密范畴。保护商业秘密权，对于维护企业竞争优势、促进农业科技创新具有重要意义。

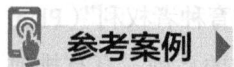

参考案例

"孟山都对中国野生大豆种子主张64项专利"事件

拓展阅读

各类型客体知识产权的保护

实用文书

植物新品种权证书样例

任务二　商标法律实务

任务导入

大家是否知道"红昭韵"这个商标？昭通还有哪些知名商标？"昭通天麻"是地理标志还是集体商标？如果遇到商标侵权，我们应当如何维护自己的合法权益？

知识链接

一、商标分类

根据《中华人民共和国商标法》的规定，商标的类型包括商品商标、服务商标和集体商标、证明商标。商标局将尼斯分类的商品和服务项目划分类似群，并结合实际情况增加我国常用商品和服务项目名称，制定《类似商品和服务区分表》，具体分类如下。

（1）商品商标，是指商品生产者在自己生产或经营的商品上使用的，属于尼斯分类的第 1~34 类。

（2）服务商标，是指提供服务的经营者为将自己提供的服务与他人提供的服务相区别而使用的标志。所属尼斯分类第 35~45 类。

（3）集体商标，是指以团体、协会或者其他组织名义注册，供该组织成员在商事活动中使用，以表明使用者在该组织中的成员资格的标志。

（4）证明商标，是指由对某种商品或者服务具有监督能力的组织所控制，而由该组织以外的单位或者个人使用于其商品或者服务，用以证明该商品或者服务的原产地、原料、制造方法、质量或者其他特定品质的标志。

二、哪些标志不得作为商标使用

《中华人民共和国商标法》第十条规定，下列标志不得作为商标使用。

（1）同中华人民共和国的国家名称、国旗、国徽、国歌、军旗、军徽、军歌、勋章等相同或者近似的，以及同中央国家机关的名称、标志、所在地特定地点的名称或者标志性建筑物的名称、图形相同的。

（2）同外国的国家名称、国旗、国徽、军旗等相同或者近似的，但经该国政府同意的除外。

（3）同政府间国际组织的名称、旗帜、徽记等相同或者近似的，但经该组织同意或者不易误导公众的除外。

（4）与表明实施控制、予以保证的官方标志、检验印记相同或者近似的，但经授权的除外。

（5）同"红十字""红新月"的名称、标志相同或者近似的。

（6）带有民族歧视性的。

（7）带有欺骗性，容易使公众对商品的质量等特点或者产地产生误认的。

（8）有害于社会主义道德风尚或者有其他不良影响的。

县级以上行政区划的地名或者公众知晓的外国地名，不得作为商标。但是，地名具有其他含义或者作为集体商标、证明商标组成部分的除外；已经注册的使用地名的商标继续有效。

三、什么是商标权

商标权，是指商标所有人对其商标所享有的独占的、排他的权利。在我国由于商标权的取得实行注册原则，因此，商标权实际上是因商标所有人申请、经国家知识产权局商标局核准注册的而对商标享有的专有权利，即因商标注册而产生的专有权。

四、申请注册商标的流程

本任务中描述的申请流程来源于 2024 年 5 月 28 日国家知识产权局发布的《知识产权政务服务事项办事指南（第二版）》。

（一）受理条件

自然人、法人或者其他组织在生产经营活动中，对其商品或者服务需要取得商标专用权的，应当向国家知识产权局商标局申请商标注册。

（二）获取途径

（1）商标局商标注册大厅、各商标审查协作中心大厅、各地方知识产权业务受理窗口、商标业务受理窗口。

（2）中国商标网（https://sbj.cnipa.gov.cn）。

（三）申请材料

《商标注册申请书》，居民身份证明、法人资格证明或其他组织的身份证明文件。申请人为内地（大陆）自然人的，还需提供证明其从事生产经营活动的主体资格证明文件（如个体工商户营业执照、农村土地承包经营合同等）。

依照《中华人民共和国商标法》第二十五条、第二十六条要求优先权的，应当在提出商标注册申请的时候提出书面声明,并且在 3 个月内提交优先权证明文件(如第一次提出的商标注册申请文件的副本、国际展览会展出商品首次使用商标的证明文件等),包括原件和完整的中文译文。

申请注册集体商标、证明商标的,附送相关文件;委托商标代理机构办理的,提交《商标代理委托书》。

(四)办理流程

1. 填写《商标注册申请书》,准备其他申请材料

申请人可通过中国商标网商标申请的"申请书式"栏目(在浏览器中输入 https://sbj.cnipa.gov.cn/sbj/sbsq/sqss/)下载《商标注册申请书》。

2. 提交申请

(1)网上提交。通过互联网登录商标网上服务系统(在浏览器中输入 https://sbj.cnipa.gov.cn/sbj/wssq/)线上提交申请,具体方法详见中国商标网"网上申请"栏目。

(2)当面提交。通过商标局商标注册大厅、各商标审查协作中心大厅、各地方知识产权业务受理窗口、商标业务受理窗口提交。

(3)委托在商标局备案的商标代理机构办理。申请人可以自愿选择任何一家在国家知识产权局商标局备案的商标代理机构办理。所有在国家知识产权局商标局备案的商标代理机构都公布在中国商标网"商标代理"栏目中。

3. 注册申请形式审查,必要时申请人配合进行补正

国家知识产权局商标局在收到有关申请文件之后办理相关业务,并可在必要时要求申请人进行补正。经形式审查符合规定的,国家知识产权局商标局通知申请人缴纳费用。

4. 缴纳规费

申请人收到缴费通知书后在规定时间内缴纳费用。

申请人通过网上方式提交申请的,可通过商标网上申请系统进行在线支付;申请人递交纸件申请的,登录注册网上申请平台在线支付(直接在商标注册大厅提交的,可持带有缴费码的缴费通知书到商标注册大厅缴费)。申请人委托代理机构办理的,由接受委托的代理机构按规定代为缴纳费用。

5. 注册申请实质审查

按期足额缴纳费用的,国家知识产权局商标局对申请文件予以受理,进行实质审查。

6. 初步审定公告

经实质审查符合规定的,予以初步审定公告。

7. 发放商标注册证

公告期满无异议的,核准注册,发放商标注册证。

(五)办理进度查询

1. 网络查询

通过中国商标网"商标网上查询"栏目进行查询。

2. 现场查询

商标局商标注册大厅。

(六)办理结果

(1)符合要求:核准注册,发放商标注册证。

(2)不符合要求:不予受理或驳回注册申请,并说明理由。

五、商标侵权

商标侵权是指行为人未经商标权人许可,在相同或类似商品上使用与其注册商标相同或近似的商标,容易导致混淆的,或者其他干涉、妨碍商标权人使用其注册商标,损害商标权人合法权益的行为。

六、注册商标侵权行为类型

《中华人民共和国商标法》第五十七条规定,有下列行为之一的,均属侵犯注册商标专用权。

(1)未经商标注册人的许可,在同一种商品上使用与其注册商标相同的商标的。

(2)未经商标注册人的许可,在同一种商品上使用与其注册商标近似的商标,或者在类似商品上使用与其注册商标相同或者近似的商标,容易导致混淆的。

(3)销售侵犯注册商标专用权的商品的。

(4)伪造、擅自制造他人注册商标标识或者销售伪造、擅自制造的注册商标标识的。

(5)未经商标注册人同意,更换其注册商标并将该更换商标的商品又投入市场的。

(6)故意为侵犯他人商标专用权行为提供便利条件,帮助他人实施侵犯商标专用权行为的。

(7)给他人的注册商标专用权造成其他损害的。

《最高人民法院关于审理商标民事纠纷案件适用法律若干问题的解释》第一条规定,下列行为属于商标法第五十七条第(七)项规定的给他人注册商标专用权造成其他损害的行为。

（1）将与他人注册商标相同或者相近似的文字作为企业的字号在相同或者类似商品上突出使用，容易使相关公众产生误认的。

（2）复制、摹仿、翻译他人注册的驰名商标或其主要部分在不相同或者不相类似商品上作为商标使用，误导公众，致使该驰名商标注册人的利益可能受到损害的。

（3）将与他人注册商标相同或者相近似的文字注册为域名，并且通过该域名进行相关商品交易的电子商务，容易使相关公众产生误认的。

七、侵犯商标权的责任

（一）民事责任

未经许可擅自使用其他人的注册商标构成侵权；如权利人主张侵权的，涉及民事赔偿。

《中华人民共和国商标法》第六十三条规定，侵犯商标专用权的赔偿数额，按照权利人因被侵权所受到的实际损失确定；实际损失难以确定的，可以按照侵权人因侵权所获得的利益确定；权利人的损失或者侵权人获得的利益难以确定的，参照该商标许可使用费的倍数合理确定。对恶意侵犯商标专用权，情节严重的，可以在按照上述方法确定数额的一倍以上五倍以下确定赔偿数额。赔偿数额应当包括权利人为制止侵权行为所支付的合理开支。人民法院为确定赔偿数额，在权利人已经尽力举证，而与侵权行为相关的账簿、资料主要由侵权人掌握的情况下，可以责令侵权人提供与侵权行为相关的账簿、资料；侵权人不提供或者提供虚假的账簿、资料的，人民法院可以参考权利人的主张和提供的证据判定赔偿数额。权利人因被侵权所受到的实际损失、侵权人因侵权所获得的利益、注册商标许可使用费难以确定的，由人民法院根据侵权行为的情节判决给予五百万元以下的赔偿。

（二）刑事责任

商标侵权达到一定程度会构成犯罪。我国《中华人民共和国刑法》对于侵犯商标权的犯罪总共规定了3种罪名，分别为假冒注册商标罪、销售假冒注册商标的商品罪以及非法制造、销售非法制造的注册商标标识罪。

1. 假冒注册商标罪

《中华人民共和国刑法》第二百一十三条规定，未经注册商标所有人许可，在同一种商品、服务上使用与其注册商标相同的商标，情节严重的，处三年以下有期徒刑，并处或者单处罚金；情节特别严重的，处三年以上十年以下有期徒刑，并处罚金。

2. 销售假冒注册商标的商品罪

《中华人民共和国刑法》第二百一十四条规定，销售明知是假冒注册商标的商品，违法所得数额较大或者有其他严重情节的，处三年以下有期徒刑，并处或者单处罚金；违法所得数额巨大或者有其他特别严重情节的，处三年以上十年以下有期徒刑，并处罚金。

3.非法制造、销售非法制造的注册商标标识罪

《中华人民共和国刑法》第二百一十五条规定，伪造、擅自制造他人注册商标标识或者销售伪造、擅自制造的注册商标标识，情节严重的，处三年以下有期徒刑，并处或者单处罚金；情节特别严重的，处三年以上十年以下有期徒刑，并处罚金。

（三）行政处罚

商标侵权也可能面临着行政处罚。

《中华人民共和国商标法》第六十条第二款规定，工商行政管理部门处理时，认定侵权行为成立的，责令立即停止侵权行为，没收、销毁侵权商品和主要用于制造侵权商品、伪造注册商标标识的工具，违法经营额五万元以上的，可以处违法经营额五倍以下的罚款，没有违法经营额或者违法经营额不足五万元的，可以处二十五万元以下的罚款。对五年内实施两次以上商标侵权行为或者有其他严重情节的，应当从重处罚。销售不知道是侵犯注册商标专用权的商品，能证明该商品是自己合法取得并说明提供者的，由工商行政管理部门责令停止销售。

参考案例

商标侵权案例

拓展阅读

商标侵权的维权要点

实用文书

商标注册申请书

任务三　专利法律实务

📥 任务导入

有没有人想过要有一台水稻收割机就好了？有没有人想过用秸秆发电？其实很多人会有想法，有的人付诸行动，弄出东西来，这些好的点子、好的东西有可能申请到专利权。

📄 知识链接

一、专利分类

在我国，专利类型分为发明专利、实用新型专利和外观设计专利 3 种。

发明专利，是指对产品、方法或者其改进所提出的新的技术方案。

实用新型专利，是指对产品的形状、构造或者其结合所提出的适于实用的新的技术方案。

外观设计专利，是指对产品的整体或者局部的形状、图案或者其结合以及色彩与形状、图案的结合所作出的富有美感并适于工业应用的新设计。

发明专利有效期为 20 年，实用新型专利有效期为 10 年，外观设计专利有效期为 15 年，均自申请之日起计算。

二、哪些不能申请专利

《中华人民共和国专利法》第二十五条规定，对下列各项，不授予专利权。
（1）科学发现。
（2）智力活动的规则和方法。
（3）疾病的诊断和治疗方法。
（4）动物和植物品种。
（5）原子核变换方法以及用原子核变换方法获得的物质。
（6）对平面印刷品的图案、色彩或者二者的结合作出的主要起标识作用的设计。

对前款第（4）项所列产品的生产方法，可以依照《中华人民共和国专利法》规定授予专利权。

三、授予专利权的条件

（1）授予专利权的发明和实用新型，应当具备新颖性、创造性和实用性。

新颖性，是指该发明或者实用新型不属于现有技术；也没有任何单位或者个人就同样的发明或者实用新型在申请日以前向国务院专利行政部门提出过申请，并记载在申请日以后公布的专利申请文件或者公告的专利文件中。

创造性，是指与现有技术相比，该发明具有突出的实质性特点和显著的进步，该实用新型具有实质性特点和进步。

实用性，是指该发明或者实用新型能够制造或者使用，并且能够产生积极效果。

现有技术，是指申请日以前在国内外为公众所知的技术。

（2）授予专利权的外观设计，应当不属于现有设计；也没有任何单位或者个人就同样的外观设计在申请日以前向国务院专利行政部门提出过申请，并记载在申请日以后公告的专利文件中。

现有设计，是指申请日以前在国内外为公众所知的设计。

四、申请专利的流程

本任务中描述的申请流程来源于 2024 年 5 月 28 日国家知识产权局发布的《知识产权政务服务事项办事指南（第二版）》。

（一）受理条件

（1）在中国内地有经常居所或者营业所的专利申请人申请专利可以自行办理，也可以委托专利代理机构办理。

（2）在中国内地没有经常居所或者营业所的专利申请人单独申请专利，或者作为代表人申请专利，应当委托专利代理机构办理。

（二）获取途径

（1）国家知识产权局业务受理大厅、各地方知识产权业务受理窗口（专利代办处）。

（2）专利业务办理系统（在浏览器中输入 https://cponline.cnipa.gov.cn）。

（3）接收邮寄。

（三）申请材料

（1）申请发明专利应当提交以下文件：《发明专利请求书》《说明书摘要》《权利要求书》《说明书》，必要时还应当提交《说明书附图》。

（2）申请实用新型专利应当提交以下文件：《实用新型专利请求书》《说明书摘要》《权利要求书》《说明书》《说明书附图》。

（3）申请外观设计专利应当提交以下文件：《外观设计专利请求书》《外观设计图

片或照片》《外观设计简要说明》。

要求国内优先权的，申请人在请求书中写明了在先申请的申请日和申请号的，视为提交了在先申请文件副本。

要求外国优先权的，申请人必要时需提交在先申请文件副本等材料。

（四）办理流程

1. 准备申请文件

采用电子形式办理的，专利申请人可以通过专利业务办理系统注册为用户，在专利业务办理系统撰写电子申请文件。采用纸件形式办理的，专利申请人可以通过国家知识产权局网站"政务服务"平台"表格下载"版块下载上述申请材料表格，填写后打印纸件申请文件。

2. 递交申请文件

采用电子形式办理的，专利申请人可通过专利业务办理系统，提交电子申请文件；采用纸件形式办理的，专利申请人可以通过国家知识产权局业务受理大厅的受理窗口、地方知识产权业务受理窗口（专利代办处）当面提交纸件申请文件，也可通过邮局邮寄的方式提交。

国家知识产权局邮寄地址：北京市海淀区蓟门桥西土城路6号，国家知识产权局专利局受理处；邮政编码：100088。各地方知识产权业务受理窗口（专利代办处）邮寄地址，由国家知识产权局以公告形式公布。

3. 受理审查

国家知识产权局专利局收到专利申请文件后，进行受理审查。专利申请文件未出现《中华人民共和国专利法实施细则》第四十四条中规定的不受理情形的，国家知识产权局专利局予以受理。根据《中华人民共和国专利法实施细则》第四十五条的规定，申请人可以通过援引在先申请文件的方式补交遗漏文件。予以受理的，给予申请号，确定申请日，发出专利申请受理通知书和缴纳申请费通知书。对于申请人依据《专利收费减缴办法》请求减缴专利费用的，国家知识产权局专利局发出收费减缴审批通知书。申请人提交专利申请之后，再提交该申请的其他文件，应当注明申请号（或专利号），并且一份文件中应当仅涉及一件专利申请（或专利）。专利申请文件存在不受理情形的，国家知识产权局专利局发出文件不受理通知书，说明不受理原因。不受理的文件不退回当事人。

4. 缴纳费用

申请人应当自申请日起2个月内或者在收到受理通知书之日起15日内，按照缴纳申请费通知书或者收费减缴审批通知书中规定的金额缴纳专利费用。申请人可以注册并登录专利业务办理系统进行网上缴费；也可以在国家知识产权局业务受理大厅收费窗口、地方知识产权业务受理窗口（专利代办处）收费窗口当面缴费，或者通过银行和邮局转账（应备注申请号及费用种类和金额）。

（五）办理进度查询

（1）电话咨询：（010）62356655。

（2）当面咨询：国家知识产权局业务受理大厅、地方知识产权业务受理窗口（专利代办处）。

（六）办理结果

（1）专利申请予以受理的，国家知识产权局专利局发出专利申请受理通知书以及缴纳申请费通知书。

（2）专利申请不予受理的，国家知识产权局专利局发出文件不受理通知书。在窗口直接提交的申请文件，不符合受理条件的，直接向当事人说明原因，不予接收；申请人在国家知识产权局业务受理大厅受理窗口当面提交专利申请文件的，可以在受理窗口即时接收通知书，也可以要求邮寄送达。以邮局邮寄方式提交的纸件形式专利申请或其他文件，国家知识产权局专利局以挂号信的方式邮寄送达通知书；以电子形式提交专利申请的，国家知识产权局专利局以电子文件形式向提交人送达通知书。

五、专利侵权的概念

未经专利权人许可，实施其专利，即以生产经营为目的制造、使用、许诺销售、销售、进口其专利产品或者使用专利方法以及使用、许诺销售、销售、进口依照该专利方法直接获得的产品；或者制造、销售、进口其外观设计专利产品的行为，就是专利侵权。

六、专利侵权的类型

专利侵权的具体类型主要包括以下3种。

1. 直接侵权行为

制造专利产品的行为：指一切制造发明、实用新型、外观设计专利产品的行为，而不管这些产品是为谁制造的，在哪里制造的，制造者的主观动机是怎样的，以及是否以营利为目的。

使用专利产品的行为：指一切使用发明、实用新型专利产品的行为。使用的方式和目的也可能是多种多样的。

许诺销售、销售专利产品的行为：许诺销售是以做广告、在商店橱窗中陈列或者在展销会上展出等方式作出销售商品的意思表示。

进口专利产品的行为：指将落入发明、实用新型、外观设计专利权保护范围的任何产品输入到专利所在国或者地区的行为。

使用专利方法以及使用、许诺销售、销售、进口依照该专利方法直接获得产品的行为：专利方法是指为解决发明创造的技术问题而采用的手段和步骤。

2. 间接侵权行为

间接侵权，是指行为人实施的行为并不构成直接侵犯他人专利权，但却故意诱导、怂恿、教唆、帮助他人实施他人专利，发生直接的侵权行为，行为人在主观上有诱导或唆使他人侵犯他人专利权的故意，客观上为直接侵权行为的发生提供了必要条件。

3. 假冒专利的行为

非专利技术产品上或广告宣传中标明专利权人的专利标记或者专利号，使公众误认为是他人的专利产品的行为。

七、侵犯专利权的责任

（一）民事责任

未经许可擅自使用其他人的专利构成侵权；如权利人主张侵权的，涉及民事赔偿。

《中华人民共和国专利法》第七十一条规定，侵犯专利权的赔偿数额按照权利人因被侵权所受到的实际损失或者侵权人因侵权所获得的利益确定；权利人的损失或者侵权人获得的利益难以确定的，参照该专利许可使用费的倍数合理确定。对故意侵犯专利权，情节严重的，可以在按照上述方法确定数额的一倍以上五倍以下确定赔偿数额。

权利人的损失、侵权人获得的利益和专利许可使用费均难以确定的，人民法院可以根据专利权的类型、侵权行为的性质和情节等因素，确定给予三万元以上五百万元以下的赔偿。

赔偿数额还应当包括权利人为制止侵权行为所支付的合理开支。

人民法院为确定赔偿数额，在权利人已经尽力举证，而与侵权行为相关的账簿、资料主要由侵权人掌握的情况下，可以责令侵权人提供与侵权行为相关的账簿、资料；侵权人不提供或者提供虚假的账簿、资料的，人民法院可以参考权利人的主张和提供的证据判定赔偿数额。

（二）刑事责任

专利侵权达到一定程度会涉嫌假冒专利罪。

《中华人民共和国刑法》第二百一十六条规定，假冒他人专利，情节严重的，处三年以下有期徒刑或者拘役，并处或者单处罚金。

（三）行政责任

对专利侵权行为，管理专利工作的部门有权责令侵权行为人停止侵权行为、责令改正、罚款等，管理专利工作的部门应当事人的请求，还可以就侵犯专利权的赔偿数额进行调解。

实践要点

农业技术的不断创新需要大量的资金和时间投入，而专利保护提供了保障和回报的机制，为农业技术的研发提供了动力。通过获得专利保护，创新者能够获得专有权利，不仅可以防止其他人未经许可使用其技术，还能够在市场竞争中获得更大的利润回报。这种回报机制激励了更多的研发机构和农业企业投入到农业技术创新中，推动了农业技术的快速发展。

参考案例

"杀节肢动物的邻氨基苯甲酰胺"发明专利侵权案

拓展阅读

专利侵权案件常用取证方式及取证内容

实用文书

发明专利请求书

任务四　植物新品种法律实务

📥 任务导入

种子是农业的"芯片"。端稳中国饭碗，实现农业科技自立自强，种子是根本。滇禾优 615、云两优 502 大家都知道，那么它们的名字代表什么意思呢？

📄 知识链接

一、了解什么是植物新品种

《中华人民共和国植物新品种保护条例》第二条明确规定，植物新品种，是指经过人工培育的或者对发现的野生植物加以开发，具备新颖性、特异性、一致性和稳定性并有适当命名的植物品种。

《中华人民共和国植物新品种保护条例实施细则（农业部分）》第二条规定，农业植物新品种包括粮食、棉花、油料、麻类、糖料、蔬菜（含西甜瓜）、烟草、桑树、茶树、果树（干果除外）、观赏植物（木本除外）、草类、绿肥、草本药材、食用菌、藻类和橡胶树等植物的新品种。

《中华人民共和国植物新品种保护条例实施细则（林业部分）》第二条第一款规定，本细则所称植物新品种，是指符合《中华人民共和国植物新品种保护条例》第二条规定的林木、竹、木质藤木、木本观赏植物（包括木本花卉）、果树（干果部分）及木本油料、饮料、调料、木本药材等植物品种。

二、什么是植物新品种权

植物新品种权是国家植物品种保护名录内经过人工选育或者发现的野生植物加以改良，具备新颖性、特异性、一致性、稳定性和适当命名的植物品种，由国务院农业农村、林业草原主管部门授予植物新品种权，植物新品种权所有人对其授权品种享有排他的独占权。植物新品种权所有人可以将植物新品种权许可他人实施，并按照合同约定收取许可使用费；许可使用费可以采取固定价款、从推广收益中提成等方式收取。

三、授予品种权的植物新品种应当具备的条件

申请品种权的植物新品种应当属于国家植物品种保护名录中列举的植物的属或者种。

新颖性是指申请植物新品种权的品种在申请日前，经申请权人自行或者同意销售、推广其繁殖材料，在中国境内未超过一年；在境外，木本或者藤本植物未超过六年，其他植物未超过四年。

特异性是指一个植物品种有一个以上性状明显区别于已知品种。这里的已知品种是指已受理申请或者已通过品种审定、品种登记、新品种保护，或者已经销售、推广的植物品种。

一致性是指一个植物品种的特性除可预期的自然变异外，群体内个体间相关的特征或者特性表现一致。

稳定性是指一个植物品种经过反复繁殖后或者在特定繁殖周期结束时，其主要性状保持不变。

特异性（Distinctness）、一致性（Uniformity）和稳定性（Stability）又称"DUS"三性，是品种的基本属性。三者中，一致性判定关注同一品种内的比较，稳定性判定关注同一品种世代间的比较，而特异性判定关注品种间的比较。

授予品种权的植物新品种应当具备适当的名称，并与相同或者相近的植物属或者种中已知品种的名称相区别。该名称经注册登记后即为该植物新品种的通用名称。

下列名称不得用于品种命名：①仅以数字组成的；②违反社会公德的；③对植物新品种的特征、特性或者育种者的身份等容易引起误解的。

四、怎么理解品种权申请人、品种权人、完成新品种育种的人、完成新品种培育的人员

申请品种权的单位或者个人统称为品种权申请人。

获得品种权的单位或者个人统称为品种权人。

完成新品种育种的人是指完成新品种育种的单位或者个人

完成新品种培育的人员是指对新品种培育作出创造性贡献的人。仅负责组织管理工作、为物质条件的利用提供方便或者从事其他辅助工作的人不能被视为培育人。

五、如何申请植物新品种权

（一）申请主体

对于非职务育种，完成育种的个人可以申请新品种权。

对于职务育种，育种人所在的单位可以申请新品种权。

对于委托育种或者合作育种，由当事人通过合同约定由谁申请新品种权。没有合同约定的，受委托完成或者共同完成育种的单位或者个人可以申请新品种权。另外，品种权的申请权也可以由双方签订协议进行转让。

(二)向谁申请

《中华人民共和国植物新品种保护条例》第三条规定,国务院农业、林业行政部门按照职责分工共同负责植物新品种权申请的受理和审查,并对符合本条例规定的植物新品种授予植物新品种权。这条规定明确了植物新品种权的审批机关是国务院农业、林业行政部门。

国家林业和草原局植物新品种保护办公室负责受理、审查林草植物新品种权申请,以及授权的具体事务等。对于农业植物品种,新品种权申请通过农业农村部政务服务平台进行网上申请,具体由农业农村部科技发展中心受理审查。

我国的单位和个人可以直接或者委托代理机构向保护办提出申请;在我国没有经常居所的外国申请人应当委托代理机构向保护办提出申请。

(三)审查

审批机关应当自受理品种权申请之日起6个月内完成初步审查。对经初步审查合格的品种权申请,审批机关予以公告,并通知申请人在3个月内缴纳审查费。

对经初步审查不合格的品种权申请,审批机关应当通知申请人在3个月内陈述意见或者予以修正;逾期未答复或者修正后仍然不合格的,驳回申请。

申请人按照规定缴纳审查费后,审批机关对品种权申请的特异性、一致性和稳定性进行实质审查。申请人未按照规定缴纳审查费的,品种权申请视为撤回。

审批机关主要依据申请文件和其他有关书面材料进行实质审查。审批机关认为必要时,可以委托指定的测试机构进行测试或者考察业已完成的种植或者其他试验的结果。因审查需要,申请人应当根据审批机关的要求提供必要的资料和该植物新品种的繁殖材料。

(四)授权

对经实质审查符合本条例规定的品种权申请,审批机关应当作出授予品种权的决定,颁发品种权证书,并予以登记和公告。

(五)复审

审批机关设立植物新品种复审委员会。

对审批机关驳回品种权申请的决定不服的,申请人可以自收到通知之日起3个月内,向植物新品种复审委员会请求复审。植物新品种复审委员会应当自收到复审请求书之日起6个月内作出决定,并通知申请人。

申请人对植物新品种复审委员会的决定不服的,可以自接到通知之日起15日内向人民法院提起诉讼。

六、品种权的保护期限

自授权之日起,藤本植物、林木、果树和观赏树木为 20 年,其他植物为 15 年。农作物影响比较大的、种植面积比较大的可申请再延长最多 5 年。

七、年费

品种权人应当自被授予品种权的当年开始缴纳年费,并且按照审批机关的要求提供用于检测的该授权品种的繁殖材料。

八、品种权在其保护期限届满前终止的情形

《中华人民共和国植物新品种保护条例》第三十六条规定,有下列情形之一的,品种权在其保护期限届满前终止。

(1)品种权人以书面声明放弃品种权的。
(2)品种权人未按照规定缴纳年费的。
(3)品种权人未按照审批机关的要求提供检测所需的该授权品种的繁殖材料的。
(4)经检测该授权品种不再符合被授予品种权时的特征和特性的。

品种权的终止,由审批机关登记和公告。

九、宣告品种权无效的情形

自审批机关公告授予品种权之日起,植物新品种复审委员会可以依据职权或者依据任何单位或者个人的书面请求,对不符合新颖性、特异性、一致性、稳定性规定的,宣告品种权无效。宣告品种权无效的决定,由审批机关登记和公告,并通知当事人。

十、品种权无效的救济途径

对植物新品种复审委员会的决定不服的,可以自收到通知之日起 3 个月内向人民法院提起诉讼。

实践要点

近年来,种业市场品种同质化、仿冒、套牌等问题较为严重,侵权行为易发多发,取证难、鉴定难、认定难较为突出。植物新品种权保护事关国家粮食安全,事关乡村振兴和农业农村优先发展,加强种业知识产权保护势在必行。

参考案例

植物新品种侵权有关案例

 拓展阅读

植物新品种纠纷案件的类型及起诉的管辖法院

实用文书

农业植物新品种权转让合同范本

项目八　政府补贴与项目申报法律实务

项目概述

随着国家深入实施乡村振兴战略，农业政府补贴与项目申报成为推动农村经济发展、促进农业现代化、提升农民生活水平的重要手段。本项目会介绍农业政府补贴的主要领域、项目类型以及项目申报的基本流程及需要注意的法律问题等，帮助广大农村基层组织、农业企业、农民专业合作社及农户更好地了解并利用好这些政策资源。

任务一　农业补贴与项目申报概述

任务导入

近年来，我国农业补贴投入力度不断加大，已经基本建立了强农惠农富农政策框架。党的十八大以来的第 12 个指导"三农"工作的中央一号文件强调继续实施耕地地力保护补贴和玉米大豆生产者补贴、稻谷补贴政策。完善农资保供稳价应对机制，鼓励地方探索建立与农资价格上涨幅度挂钩的动态补贴办法。各级农业部门不断完善农业项目管理制度，保障了农业项目的有序有效实施，为促进农业增产、农业增效和农民增收，保障农业农村经济持续稳定发展发挥了重要作用。

知识链接

一、农业补贴概述

农业补贴，作为国家支持农业发展的重要经济政策工具，旨在通过财政手段对农业生产经营者进行直接或间接的经济利益转移，以弥补农业生产的自然风险、市场风险及收益不足，促进农业资源的优化配置，提高农业生产能力，保障国家粮食安全和农产品的有效供给。它涵盖了从生产、流通到销售的多个环节，是现代农业发展中不可或缺的一部分。

农业补贴的对象广泛，包括但不限于以下4类。

（1）农民个体及农户：作为农业生产的直接参与者，是农业补贴的主要对象。

（2）农业合作社、家庭农场等新型农业经营主体：为鼓励规模化、集约化经营，这类主体也是补贴的重要受益者。

（3）农业企业：在特定条件下，如参与农业产业化经营、带动农民增收等，也可获得相应补贴。

（4）农业服务组织：如提供农机作业、病虫害统防统治等社会化服务的组织。

农业补贴的资金来源主要依赖于国家财政预算，包括中央和地方两级财政拨款。中央通过设立专项基金，如农业综合开发资金、农业基础设施建设资金等，直接支持全国范围内的重点农业项目和补贴发放。同时，地方政府也会根据自身财力和农业发展需求，安排一定比例的财政资金用于农业补贴。此外，部分农业补贴还通过吸引社会资本、金融机构贷款贴息等方式，拓宽资金来源渠道。

农业补贴具有以下重要意义。

（1）促进农业生产稳定发展。农业补贴能够稳定农业生产者的预期收益，增强其抵御自然灾害和市场波动的能力，保障粮食和重要农产品的稳定供应。

（2）优化农业产业结构。通过差异化补贴政策，可以引导农民调整种植结构，发展高效、生态、循环农业，促进农业产业转型升级。

（3）增加农民收入。直接补贴给农民的资金，可以直接增加农民的收入水平，提高农民的生活质量和生产积极性。

（4）保护农业资源环境。对采用环保生产技术的农民给予补贴，可以激励农民减少化肥农药使用，保护农业生态环境，实现农业可持续发展。

二、农业项目概述

农业项目，是指围绕农业生产、加工、销售、服务及农村综合发展等领域，旨在提升农业综合生产能力、优化农业产业结构、促进农业可持续发展、增加农民收入及改善农村生态环境的一系列活动或工程。这些项目通常由政府、企业、合作社或农户等多方主体发起并实施，涵盖了种植业、林业、畜牧业、渔业以及农业服务等多个方面。农业项目的实施，依赖于先进的农业科技、科学的管理方法以及有效的资源配置，以实现农业现代化的目标。

农业项目的实施的意义有以下4点。

（1）提高农民收入。通过引入新技术、新品种、新模式和拓展市场渠道，农业项目能够显著提高农产品的产量和质量，增加农民收入，改善农民生活水平。

（2）推动农业现代化。农业项目往往伴随着农业科技的应用与推广，有助于实现农业生产机械化、信息化、智能化，推动农业现代化进程。

（3）保护生态环境。现代农业项目注重生态环境保护，通过推广生态农业、循环农业等模式，减少化肥农药使用，保护耕地资源和水资源，维护生态平衡。

（4）促进农村社会发展。农业项目的实施还能带动农村基础设施建设、教育医疗等社会事业的发展，促进农村社会的全面进步。

实践要点

1. 农业补贴与项目申报问题受到多个法律法规的规范

《中华人民共和国农业法》涉及农业领域的基本法。

《中华人民共和国预算法》为农业补贴资金的预算编制、执行和监督提供了法律依据。

《中央对地方专项转移支付管理办法》明确了专项转移支付资金的分配、使用和管理原则，适用于农业生产发展资金等补贴。

《农业生产发展资金管理办法》具体规定了农业生产发展资金的支出范围、分配和管理方式，确保资金用于促进农业生产、优化产业结构等方向。

《农业资源及生态保护补助资金管理办法》针对农业资源养护、生态保护及利益补偿等专项转移支付资金，明确了资金的使用范围、分配和监管要求。

这些法律法规共同构成了农业补贴与项目申报的法律框架，确保了补贴资金的规范使用和项目申报的合法性。

2. 农业补贴与项目申请的要点

及时关注政策，找对申请部门：密切关注政府网站、专业协会等渠道的政策信息，了解相应的政策，并根据政策与对口部门的要求，积极准备资料。

明确申请项目与补贴金额：了解不同部门提供的补贴项目和金额，如农业农村局、财政局等提供的 20 万～60 万元的项目补贴，以及中央财政提供的几百万至上千万元的补贴。

提前申报，维护政府关系：农业补贴项目需提前一年申请，并与当地政府保持良好关系，以便及时获取信息和顺利完成申报。

撰写高质量的申请报告：包括项目背景、申请理由、实施计划、预期结果等，以说服评审人员并成功申请补贴。

3. 农业补贴、项目申请过程中常见错误

不了解具体补贴政策：农业补贴政策种类繁多，涉及面广，一些企业对政策吃不透，不了解，甚至不相信有补贴，导致申报不成功。

申报材料编制问题：申报材料编写格式、字体、字号、装订顺序等不符合要求，或者提交的资质不符合项目申报要求，如需要甲级资质的可研报告但提交了乙级资质的。

缺乏项目申报跟踪：递交完申报材料后，没有及时了解项目申报进度，导致项目申报出现问题时无法及时调整。

不重视申报通知：由于村委会宣传不到位或农户自身不重视，导致错过补贴申报时间。

项目储备库认知不足：部分企业对项目储备制了解不足，未将项目提前入库排队，导致补贴批复延迟。

申报跟踪不到位：递交完申报材料后，未进行项目申报跟踪，无法及时了解项目申报进展及问题所在。

拓展阅读

《中华人民共和国农业法》

《关于进一步规范农业项目管理工作的通知》（节选）

任务二　农业补贴实务

任务导入

现在国家对农业的补贴非常多,你知道有哪些吗?农业补贴如何申报?如何防范法律风险?

知识链接

一、农业补贴的标准

补贴标准根据补贴项目的不同而有所差异,一般考虑以下因素。

作物种类与种植面积:不同作物因其经济价值、种植难度及市场需求不同,补贴标准有所区别;同时,种植面积也是确定补贴额度的重要依据。

地区差异:考虑到各地区自然条件、经济发展水平及农业产业结构的不同,补贴标准会有所调整,以体现政策的公平性和针对性。

技术采用与生产效率:采用先进农业生产技术、提高生产效率的农户或企业,可能获得更高额度的补贴。

政策导向:国家及地方政府的农业发展战略和重点扶持领域也会影响补贴标准的设定。

二、农业补贴内容

农业补贴内容丰富多样,包括但不限于以下几个方面。

种粮直补:直接补贴给种粮农民,以稳定粮食生产。

良种补贴:鼓励农民使用优质种子,提高农产品品质。

农机购置补贴:降低农民购置农业机械的成本,推进农业机械化进程。

农业保险保费补贴:减轻农民因自然灾害等造成的损失,提高农业生产抗风险能力。

农业基础设施建设补贴:支持农田水利、农村道路等基础设施建设,改善农业生产条件。

农业科技创新与推广补贴:激励农业科技研发和应用,提升农业生产技术水平。

生态补偿补贴:对实施退耕还林、还草等生态修复措施的农民给予经济补偿,保护农业生态环境。

三、云南省财政农业补贴如何发放

云南省是通过云南省惠民惠农财政补贴"一卡通"发放。

1. 什么是云南省惠民惠农财政补贴"一卡通"

云南省为解决"一卡通"管理中存在的多项问题,如覆盖面窄、多卡现象严重、政策标准不一、资金管理分散及不规范等,由财政厅主导开展了惠民惠农财政补贴"一卡通"管理使用问题的专项治理工作。该工作旨在通过"四个一"的总体目标(一张清单管制度、一个平台管发放、一个群众一张卡、全程监督一张网),优化政策执行,提升管理效能,增强群众获得感。

2. 主要措施

一张清单管制度:整合并公开所有惠民惠农财政补贴项目,形成统一清单,按年度向社会公布,提高政策透明度。

一个平台管发放:建立全省统一的"一卡通"管理平台,实现补贴申请、审核、资金拨付及发放的全流程线上操作,简化流程,提高效率。

一个群众一张卡:将所有补贴资金统一通过社会保障卡发放,解决多卡问题,使"一卡通"成为群众便利、清晰的财政补贴接收工具。

全程监督一张网:制定专项治理方案,设立监督机制和举报渠道,确保资金发放过程公开透明,防治腐败。

3. 了解补贴政策

每年需要了解云南省政府发布的各项惠民惠农财政补贴政策,每年会公布一张清单管理制度,确定自己是否符合某项补贴的申请条件。这些政策通常会在政府网站、门户网站、村务政务公开等多种渠道公布。

4. 操作流程

(1)通过微信搜索"云南惠民惠农一卡通"小程序或关注"云南财政"公众号后进入小程序进行补贴项目申请,审批通过后,补贴资金将统一通过"一卡通"管理平台发放至补贴对象的社会保障卡银行账户中。

(2)现场申请:携带准备好的申请材料,前往对应的补贴项目主管部门进行现场申请。

在现场填写申请表,并提交相关材料;主管部门将对申请材料进行审核,并可能要求补充或更正材料。

四、农业补贴申报及使用过程中需要注意的法律问题

1. 资料真实性

在申报农业补贴时,提交的资料必须真实、准确、完整。任何伪造、变造或隐瞒

重要事实的行为都将构成违法。因此，申报单位或个人应确保所提交的资料（如身份证明、土地权属证明、经营情况报告、财务报表等）真实有效，经得起核查。

2. 合法合规申报

农业补贴的申报必须遵循法律法规和政策规定，确保申报行为的合法性和合规性。这包括符合补贴政策的申请条件、遵循申报流程、按时提交申请材料等。同时，应避免通过不正当手段（如贿赂、串通等）获取补贴资格或提高补贴额度。

3. 补贴资金使用

补贴资金的使用必须严格按照政策规定进行，专款专用，不得挪作他用。使用补贴资金时，应明确资金用途，确保资金用于支持农业生产、提高农业生产效率或改善农业生产条件等方面。同时，应建立健全资金使用管理制度，加强资金监管，确保资金使用的安全性和有效性。

4. 财务管理规范

为了保障补贴资金的安全和有效使用，申报单位或个人必须建立健全的财务管理制度。这包括建立规范的会计核算体系、设置专门的财务账簿、定期进行财务审计等。通过规范的财务管理，可以确保补贴资金的准确核算和有效监管，防止资金流失和浪费。

5. 信息公开透明

农业补贴政策的实施应坚持信息公开透明的原则。相关部门应及时公布补贴政策、申报条件、审核标准、补贴结果等信息，接受社会监督。同时，申报单位或个人也应主动公开相关信息，如补贴资金使用情况、项目进展情况等，增强公众对补贴政策的信任度和满意度。

6. 法律责任

在农业补贴申报及使用过程中，如违反相关法律法规和政策规定，将承担相应的法律责任。这包括但不限于警告、罚款、取消补贴资格、追回补贴资金等行政处罚措施；情节严重的，还可能构成犯罪，依法追究刑事责任。因此，申报单位或个人必须严格遵守法律法规和政策规定，确保补贴申报及使用的合法性和合规性。

实践要点

农业补贴的申请、使用须依法依规，严格按规定，做到规范、合法，并且要避免以下法律问题。

重复申报补贴：由于农业补助项目管理涉及多个部门，各部门之间缺乏直接隶属关系，且申报信息未能共享，导致部分企业或个人有机会在多个部门重复申报同一项目,从而骗取补贴。

虚报冒领:一些不法分子通过虚构或夸大农业投资项目,虚报山林面积、田地面积等,以套取国家退耕还林补贴、粮食直补等,这种虚报冒领行为成为涉农补贴犯罪的主要方式。

新旧混杂:部分项目实施单位并未按照规定的程序操作,将以前年度投资建设的基础设施修修补补后申报新的项目补助,或者将临时租来的设施作为新投资的设施申报新项目,蒙混过关。

贪污和挪用:一些涉农补贴资金在发放过程中被贪污或挪用,如通过购买虚假发票报销、发票重复报销等方式套取涉农补贴资金,这种行为虽然手段直接但极具隐蔽性,除非在源头审核时严格把关或被举报,否则难以监督到位。

违规操作:个别农机生产或经销企业弄虚作假,骗取补贴资金,个别地方农机化主管部门工作人员收受企业商业贿赂等违法违规行为,严重影响了农业补贴政策的实施效果。

参考案例

农业补贴纠纷有关案例

实践要点

农业补贴申请使用应避免的法律问题

拓展阅读

农业补贴有关政策

📠 **实用文书**

农业补贴申请书

任务三　农业项目申报实务

任务导入

农业项目建设是推进国家乡村振兴战略的重要内容，农业项目申报成功将会得到国家资金、政策扶持。为促进农业现代化，各级政府及部门推出了众多农业项目扶持政策，旨在通过资金补助、技术支持等手段，推动农业产业升级与可持续发展。农业项目申报的范围广泛，涵盖了多个方面。具体项目的申报时间、条件和要求可能因年份和政策的调整而有所变化，申报者应及时关注相关部门的通知和公告，在申报及实施过程中需要注意防范法律风险。

知识链接

一、农业项目种类

农业项目种类繁多，根据不同的分类标准可以划分为多种类型。

按产业类型分，可分为种植业项目（如高产粮田建设、特色作物种植）、畜牧业项目（如规模化养殖场建设、草食畜牧业发展）、渔业项目（如水产养殖基地建设、海洋渔业开发）、林业项目（如退耕还林、速生林种植）等。

按功能定位分，可分为农业综合开发项目、农业产业化经营项目、农业科技示范项目、农业生态保护项目等。

按资金来源分，可分为政府投资项目、社会资本投资项目、政企合作项目等。

按技术创新分，可分为智能农业项目（如物联网在农业中的应用）、精准农业项目（如无人机植保、卫星遥感监测）、生物农业项目（如转基因作物种植、生物农药研发）等。

二、农业项目申报、实施步骤

农业项目的申报是一个系统而复杂的过程，通常包括以下几个步骤。

了解政策：申请者需通过政府网站、农业农村部门公告等渠道，全面了解相关政策文件、申报指南和补助标准。

项目策划：明确项目目标、内容、规模、投资估算及预期效益等，制定详细的项目计划书。

市场调研：分析市场需求、竞争态势及潜在风险，确保项目的可行性和市场前景。

政策对接：了解并研究国家及地方关于农业项目的政策导向、资金支持及税收优惠等，确保项目符合政策要求。

申报材料准备：根据申报要求，准备完整的项目申报书、可行性研究报告、财务分析报告、土地使用证明、环评报告等相关材料。

提交申请：将准备好的申报材料按时提交至指定部门或平台，注意遵守申报时间和提交方式的要求。

评审与立项：经过专家评审、现场考察等环节，符合要求的项目将获得立项批准，并进入实施阶段。

公示与拨款：经过审核评审后，对符合条件的项目进行公示；公示无异议后，将按照程序拨付补助资金。

实施与监管：项目获得补助后，申请者需严格按照项目计划和资金使用要求组织实施，并接受政府部门的监督检查和绩效评价。

三、农业项目申报实施过程中存在的法律问题及应对策略

在农业项目从申报到实施的全过程中，往往伴随着一系列复杂的法律问题，这些问题若处理不当，不仅可能影响项目的顺利推进，还可能引发法律纠纷，损害项目参与各方的合法权益。

（一）资质审查不严

（1）问题描述。部分农业项目在申报初期，对申请主体的资质审查不够严格，导致不具备相应技术、资金或管理能力的单位或个人参与项目，增加了项目失败的风险。

（2）应对策略。

明确资质要求：项目管理部门应明确各类农业项目的具体资质要求，包括但不限于技术实力、财务状况、管理经验等。

加强审核力度：采用多部门联合审查机制，利用大数据、云计算等技术手段，提高资质审查的准确性和效率。

引入第三方评估：委托专业机构对申请主体的资质进行第三方评估，确保审核结果的客观公正。

（二）法规政策适用

（1）问题描述。农业项目涉及的政策法规繁多，且常有更新，项目主体在理解和应用上可能存在偏差，导致项目不符合最新政策要求。

（2）应对策略。

加强政策宣传：通过政府官网、公众号等多种渠道，及时发布和解读最新政策法规，提高项目主体的政策知晓率。

组织培训交流：定期举办政策法规培训班和交流会，帮助项目主体准确理解和把握政策精神。

设立咨询机制：建立专门的政策法规咨询热线或窗口，为项目主体提供便捷的咨询服务。

（三）用地合规性

（1）问题描述。农业项目用地需符合土地利用总体规划和相关法律法规要求，但在实际操作中，存在违法用地、超范围用地等现象。

（2）应对策略。

严格用地审批：加强项目用地的前期审查和审批管理，确保项目用地符合法律法规和规划要求。

强化动态监管：利用卫星遥感、无人机等技术手段，对项目用地进行动态监测，及时发现并纠正违法用地行为。

完善退出机制：对于不符合用地要求的项目，应依法依规进行整改或取消项目资格。

（四）环保与审批

（1）问题描述。农业项目可能对环境产生一定影响，若环保措施不到位或未经环保审批，将面临法律责任。

（2）应对策略。

强化环保意识：在项目申报阶段即强调环保要求，引导项目主体树立绿色发展理念。

严格环保审批：对涉及环保问题的项目，必须依法依规进行环境影响评价，并取得环保部门的审批同意。

加强环保监管：项目实施过程中，应定期检查环保设施运行情况，确保各项环保措施得到有效执行。

（五）合同条款风险

（1）问题描述。农业项目合同涉及多方利益，条款复杂，若合同条款不明确或存在漏洞，易引发法律纠纷。

（2）应对策略。

聘请专业律师：在项目合同签订前，聘请专业律师进行审查，确保合同条款的合法性、合规性和公平性。

明确双方权责：合同条款应明确约定项目各方的权利、义务和违约责任，避免模糊不清的表述。

加强合同管理：建立健全合同管理制度，对合同的签订、履行、变更和解除等环节进行严格管理。

（六）资金监管

（1）问题描述。农业项目往往涉及大量资金，若资金监管不到位，易发生挪用、侵占等违法行为。

（2）应对策略。

设立专户管理：项目资金应设立专用账户，实行专款专用，确保资金的安全性和合规性。

加强财务审计：定期邀请第三方审计机构对项目财务进行审计，及时发现并纠正财务管理中的问题。

强化内部监督：建立健全内部监督机制，对项目资金的收支情况进行实时监控和核查。

（七）监督检查

（1）问题描述。项目实施过程中，若监督检查不力，易导致项目偏离原定目标或发生违法违规行为。

（2）应对策略。

建立监督机制：构建政府、社会、公众共同参与的监督机制，形成全方位、多层次的监督网络。

定期检查评估：项目管理部门应定期对项目实施情况进行检查和评估，及时发现并纠正问题。

鼓励公众参与：通过设立举报奖励制度等方式，鼓励公众参与项目监督，提高监督效果。

（八）验收与总结

（1）问题描述。项目验收是确保项目质量和效果的重要环节，若验收标准不明确或执行不严，易导致项目成果不实。

（2）应对策略。

明确验收标准：在项目申报阶段即明确项目验收的标准和程序，确保验收工作的公正性和客观性。

严格验收程序：按照既定的验收标准和程序进行项目验收，确保每一项指标都得到严格审查，不留死角。

强化问题整改：对于验收中发现的问题，应及时反馈给项目主体，并督促其制定整改措施，限期完成整改。

注重经验总结：项目验收后，应组织项目主体及相关部门进行总结，提炼项目实施过程中的成功经验与教训，为未来类似项目提供参考。

8 实践要点

农业项目申报过程中涉及的法律风险主要包括环境保护法律风险、食品安全法律风险以及违法建筑处理等。这些风险不仅关系到项目的顺利进行，还涉及法律法规的遵守和环境保护、食品安全等公共利益的维护。

环境保护法律风险：农业活动可能对周围环境产生不利影响，包括土壤污染、水源污染、空气污染等。这要求农业生产过程中应减少化学农药、化肥等化学物质的使用，推广有机农业、采用生物防治和生态种植等可持续的农业实践，以确保农业活动对环境的影响达到最小化。同时，必须遵守环保法规，包括土地利用规划、水土保持、废弃物处理等方面的要求，必要时进行环境影响评价，并遵守评价结果。定期监测和评估农业活动对周围环境的影响，包括土壤、水源和空气质量的监测，并根据监测结果及时采取措施，防治和减少环境污染。

食品安全法律风险：在农产品初加工等领域，食品安全是一个重要问题。这要求在农产品初加工过程中，必须遵守食品安全法律法规，避免产生食品安全问题。违反食品安全法规可能会导致法律责任，因此必须严格遵守相关法规，确保食品的安全性。

违法建筑处理：在农村地区进行建筑活动时，必须遵守土地规划和建设规划，否则可能会面临拆除、罚款等行政处罚。这要求在进行农业项目建设时，必须确保所有建筑活动符合土地利用总体规划，避免未经批准的建筑活动，以免违反法律法规。

此外，农业项目申报与运营过程中，还应注意避免以下问题。

1. 虚假申报资料

有的农业企业在申报高效农业示范园项目时，为获取更多资金支持，故意夸大项目规模、伪造土地流转合同、虚报投资额度及预期效益，导致项目评审机构难以准确评估其真实性和可行性。

2. 挪用项目资金

某农业科技公司在获得农业科技研发项目资金后，未将资金全部用于项目研发，而是擅自将部分资金用于公司日常运营及其他非项目相关支出，触犯法律。

3. 验收流于形式

某农业综合开发项目在竣工验收时，验收小组未严格按照标准进行检查，仅通过简单查看资料、听取汇报即完成验收，导致项目实际完成质量与申报目标存在较大差距，最终被追责。

 拓展阅读 ▶

主要国家级农业项目及云南省农作物种业基地建设项目申报

实用文书 ▶

农作物种业基地建设项目申报表

项目九　农村金融法律实务

项目概述

随着乡村振兴战略的深入实施,农村金融市场日益活跃,农村金融作为现代农村经济的重要组成部分,对促进农业产业升级、提高农民收入、加快农村经济发展具有不可估量的作用。随着金融科技的不断进步和政策的持续支持,农村金融体系日益完善,多样化的金融服务模式应运而生。然而,由于历史原因、地域差异及法律环境等多方面因素,农业金融领域仍存在诸多法律问题。

本项目旨在让学员了解农村金融的基本概念、特点和重要性;掌握农村金融相关的法律法规和政策;熟悉农村金融领域的法律风险及防范措施。

任务一　农村金融概述

任务导入

截至 2024 年第二季度末,我国涉农贷款余额为 50.67 万亿元,同比增长 12.1%,其中,农户贷款方面,余额为 17.92 万亿元,同比增长 9.9%。农业贷款方面,余额为 6.38 万亿元,同比增长 12.7%。此外,普惠小微贷款在农村金融中也占据重要地位,截至 2024 年第二季度末,普惠小微贷款余额 32.38 万亿元,同比增长 16.9%,显示出普惠金融领域贷款的较快增长。同时,农村贷款余额为 36.29 万亿元,同比增长 12.1%,也体现了农村金融的持续发展。这些数据表明,农村金融在支持农户、农业以及农村经济发展方面发挥着重要作用。

本任务旨在使学员初步学习了解农村金融相关知识。

> 知识链接

一、农村金融的定义与范畴

农村金融是指在农村地区，以货币、信用、金融为手段，与农村经济紧密结合，为农民、农业和农村经济发展提供金融服务的一种金融业务。它涉及农村地区的货币流通和信用活动，包括农村经济中的货币资金运动及其信用关系，以及以信用手段筹集、分配和管理农村货币资金的活动。农村金融活动主要在农村这个特定环境下进行，作用于资金这个实体，并通过货币形态表现。它提供的服务包括贷款、储蓄、保险、投资等多个领域，旨在促进农业生产和农村经济发展。

农村金融涵盖了农村地区的各类金融机构、金融市场和组织体系，这些机构和组织根据农村经济的需求，提供多样化的金融服务。

二、农村金融主要类型

（一）政策性农村金融

这是由政府发起、出资成立或担保，以贯彻和配合国家特定的经济和社会发展政策为目的而进行的一种特殊的金融活动。

机构代表：中国农业发展银行。其主要任务是按照国家的法律、法规和方针、政策，以国家信用为基础，筹集农业政策性信贷资金，承担国家规定的农业政策性金融业务，代理财政性支农资金的拨付，为农业和农村经济发展服务。

作用：为农村基础设施建设、农业综合开发、扶贫开发等提供长期、低息的资金支持，对于改善农村生产生活条件、促进农业产业化发展、推动农村经济结构调整具有重要意义。

（二）商业性农村金融

定义：以营利为目的，按照市场经济规律运作的金融机构所提供的金融服务。

机构代表：中国农业银行、中国邮政储蓄银行、农村商业银行、农村合作银行等。

作用：这些金融机构通过吸收存款、发放贷款、提供结算等金融服务，满足农村地区各类经济主体的融资需求和金融服务需求。它们在农村地区广泛设立分支机构和营业网点，为农民、农村企业和农村经济组织提供便捷的金融服务。商业性农村金融机构在促进农村经济发展、推动农业产业化经营、支持农民创业致富等方面发挥着重要作用。

（三）合作性农村金融

定义：由农民、农村企业和农村经济组织自愿入股组成，实行民主管理、互助互利的金融组织形式。

机构代表：农村信用社、农村资金互助社等。

作用：合作性农村金融机构以服务社员为宗旨，主要为社员提供存款、贷款、结算等金融服务。它们贴近农村基层，了解农民的金融需求，具有决策灵活、服务便捷等特点。合作性农村金融机构在满足农民小额信贷需求、促进农民增收、支持农村小微企业发展等方面发挥着重要作用。

（四）新型农村金融机构

定义：近年来，为了满足农村金融市场多元化的需求，我国陆续批准设立了一些新型农村金融机构。

机构代表：村镇银行、小额贷款公司、农村保险机构等。

作用：村镇银行主要为当地农民、农业和农村经济发展提供金融服务，村镇银行具有机构小、决策快、服务灵活等特点，能够更好地满足农村地区小微企业和农户的融资需求；小额贷款公司专注于为小微企业和个体工商户提供小额贷款服务，小额贷款公司贷款手续简便、放款速度快，对于缓解农村地区融资难问题具有积极作用；农村保险机构为农村地区提供农业保险、财产保险、人身保险等各类保险服务，农村保险机构的发展有助于降低农业生产风险、保障农民生活稳定、促进农村经济可持续发展。

三、农村金融业务的主要类型

（一）银行贷款

（1）农业生产贷款：用于购买种子、化肥、农药、农业机械等生产资料，以及支付土地流转费用、农业基础设施建设费用等。这种贷款通常具有季节性特点，根据农业生产周期发放和回收。

（2）农村小微企业贷款：为农村地区的小型企业和微型企业提供资金支持，用于企业的生产经营、扩大规模、技术改造等方面。此类贷款额度相对较大，期限较长，需要企业提供一定的担保措施。

（3）农户小额信用贷款：基于农户的信用状况发放的小额贷款，无须抵押担保。主要用于满足农户的日常生产生活资金需求，如购买生活用品、子女教育、医疗费用等。贷款额度较小，手续简便，放款速度快。

（二）农业保险

（1）种植业保险：保障农作物因自然灾害、病虫害等原因造成的损失。例如，水稻种植保险可以在水稻遭受洪水、台风、病虫害等灾害时，为农民提供经济补偿，降低农业生产风险。

（2）养殖业保险：为养殖的牲畜、家禽等提供保险保障。如生猪养殖保险可以在生猪因疾病、意外事故等死亡时，给予养殖户一定的经济赔偿，保障养殖产业的稳定发展。

（3）特色农业保险：针对各地的特色农产品推出的保险产品。如茶叶种植保险、水果种植保险等，为特色农业产业提供风险保障，促进地方特色农业的发展。

（三）互联网金融

（1）农村电商金融：结合农村电商平台，为农民和农村企业提供金融服务。例如，通过电商平台为农户提供供应链金融服务，帮助农户解决农产品销售过程中的资金周转问题。同时，为农村电商企业提供贷款、支付结算等金融服务，支持农村电商产业的发展。

（2）网上助贷平台：是一种协助借贷双方实现借贷交易的在线平台。它通过大数据、人工智能等先进技术手段，为借款人提供更加便捷、高效的融资服务，同时为投资人提供安全、可靠的理财渠道。助贷平台与银行等金融机构合作，从事导流、联合发放贷款的业务，负责提供前端获客、产品设计、资信审核、风险定价、协议签署、贷后管理等服务，而资金方则作为实际的资金提供方负责提供资金并获得固定收益。助贷平台是金融科技服务实体经济的有效方法，有助于推动普惠金融的发展。但也需要注意风险防范。

（3）众筹：利用互联网众筹平台，为农村创业项目、特色农产品推广等筹集资金。农民和农村创业者可以将自己的项目或产品在众筹平台上展示，吸引社会各界的资金支持，实现项目的启动和发展。

（四）农村产权抵押融资

（1）土地承包经营权抵押：农民将自己的土地承包经营权作为抵押物，向金融机构申请贷款。金融机构根据土地的价值、承包期限、经营状况等因素评估贷款额度。这种方式有助于盘活农村土地资源，提高土地利用效率，为农民提供更多的融资渠道。

（2）农村住房财产权抵押：在一些地区，农民可以将自己的农村住房财产权作为抵押物申请贷款。金融机构对房屋的价值、产权状况等进行评估，确定贷款额度。这种方式可以满足农民在住房建设、装修、创业等方面的资金需求。

（3）林权抵押：拥有林地承包经营权和林木所有权的农民或企业，可以将林权作为抵押物向金融机构申请贷款。金融机构根据林地的面积、树种、林龄、价值等因素评估贷款额度。林权抵押融资有助于推动林业产业的发展，促进农村生态建设。

（五）农业机械融资

随着农业现代化进程的加快，农业机械化水平不断提高。农业机械融资服务应运而生，为农民购买农机具提供资金支持。通过融资租赁、抵押贷款等方式，农民可以低成本获得先进的农机设备，提高农业生产效率，促进农业现代化发展。

（六）农村民间金融

农村民间金融作为正规金融体系的补充，在农村经济发展中发挥着重要作用。民间金融形式多样，包括亲友借贷、互助合作基金、民间借贷组织等。这些民间金融活动虽然存在一定的风险性，但在缓解农民资金短缺、促进农村经济发展方面具有一定的优势。同时，政府也在加强对民间金融的监管和引导，促进其健康发展。

四、农村金融的政府支持

我国政府为农村金融发展提供了5个方面的政策支持。

（一）税收优惠政策

1. 降低经营成本

纳税人为农户、小型企业、微型企业及个体工商户借款、发行债券提供融资担保取得的担保费收入，以及为上述融资担保提供再担保取得的再担保费收入，免征增值税。

2. 提高贷款利息收入免税额度

对金融机构向农户、小型企业、微型企业及个体工商户发放小额贷款取得的利息收入，免征增值税。2018年9月1日至2020年底，将符合条件的小微企业和个体工商户贷款利息收入免征增值税单户授信额度上限，由100万元提高到500万元。

3. 提升主体税收优惠可获得性

对年应纳税所得额低于一定额度（如2018年拟将享受减半征收企业所得税优惠的小型微利企业年应纳税所得额上限由50万元提高至100万元）的小型微利企业，其所得减按一定比例计入应纳税所得额，按较低税率缴纳企业所得税。同时，将农产品等货物的增值税税率从较高税率降至较低税率（如从13%降至10%），并扩大免征教育费附加、地方教育附加、水利建设基金的范围，减轻相关主体的税费负担。

（二）引导金融机构强化支农惠农投入

1. 加大政策性金融支持力度

以解决突出制约问题为重点，增加信贷投入对农村地区的支持。例如，截至2018年5月末，农业发展银行各项贷款余额较2017年初有显著增长，重点支持棉粮油收购、农业开发、农业产业化经营等领域,不断提升服务"三农"的能力和水平。

2. 促进商业性金融机构服务"三农"

推动中国农业银行等金融机构增进"三农"金融服务,主动适应农村金融需求新变化,促使水利、县域城镇化和农业专业大户等重点领域贷款实现较快增长,积极推动互联网金融在服务"三农"中发挥更大作用。如农业银行涉农贷款和农户贷款余额取得突破,"三农"事业部各项监管指标全面达标。

3. 完善金融机构绩效评价体系

将服务"三农"纳入金融机构绩效评价体系,对发放涉农贷款超过一定比例的金融机构给予适当加分,激发金融机构服务"三农"的内生动力。同时,为小微企业贷款呆账核销开辟"绿色通道",通过扩大金融机构自主核销权、放宽核销标准、缩短核销周期、简化核销手续等措施,深入挖掘金融机构资产盘活潜力,有效释放信贷资源,切实增强服务农业小微企业的能力。

(三)构建政府性融资担保体系

1. 推进全国农业信贷担保体系建设

成立国家农业信贷担保联盟有限责任公司,推动各地完成省级农业信贷担保公司组建。服务对象聚焦家庭农场、种养大户、农民合作社、农业社会化服务组织、小微农业企业等农业适度规模经营主体。省级农担公司已进入向下延伸分支机构、开展实质性运营的阶段,初步形成了全国农业信贷担保体系。

2. 设立国家融资担保基金

财政部联合有意愿的金融机构共同出资设立国家融资担保基金。该基金坚持"政府支持、市场运作、保本微利、管控风险"的原则,坚持融资担保业务的准公共产品属性,通过市场化手段、专业化管理,吸引社会资本积极参与,通过股权投资、再担保等方式,支持融资担保和再担保机构发展壮大,推动形成政府支持、资源共享、风险共担、统筹兼顾、多级联动的融资担保体系,带动各方资金扶持"三农"、小微企业和创业创新。

(四)加大农业保险保障支持力度

1. 引导保险公司加大投入

财政部会同金融监管部门共同对保险公司产品备案、承保出单、查勘定损等给予一定支持,推动建立保险经办机构评选、考核等制度。我国保险经办机构数量不断增加,全国建成农险基层服务网点众多,基层服务人员队伍不断壮大,基本覆盖所有县级行政区域、大部分乡镇和一定比例的行政村。

2. 提高保险保障水平

提高产粮大县三大粮食作物补贴比例，在部分粮食主产省选择县市，以水稻、小麦、玉米为标的，在面向全体农户基本险的基础上，推出保险金额覆盖直接物化成本和地租、面向适度规模经营农户的农业大灾保险产品，并提高中央财政对中西部和东部试点县的保费补贴比例，大幅提高保障水平。

3. 扩大保险覆盖面

保费补贴品种由最初的少数种植业扩大至种、养、林多类，补贴区域从部分省份稳步扩大至全国，三大粮食作物覆盖面显著增长。例如，2017年，中央财政拨付农业保险保费补贴资金带动全国实现农业保险保费收入提高，为众多农户提供高额的风险保障，中央财政保费补贴资金使用效果放大倍数较高。

（五）设立普惠金融发展专项资金

1. 引导金融机构下沉服务

遵循惠民生、保基本、有重点、可持续的原则，重点推动农村金融机构回归本源，把更多金融资源配置到农村经济社会发展的重点领域和重点人群。对符合条件的新型农村金融机构和西部基础金融服务薄弱地区的银行业金融机构（网点），财政部门按照不超过其当年贷款平均余额的一定比例给予补贴，鼓励金融机构加大对"三农"的供给支持。

2. 扶持弱势群体就业创业

对符合规定条件的个人和小微企业创业担保贷款，财政部门给予贴息支持，减轻创业者和用人单位负担，促进农村地区创业就业，推动农村经济发展。

此外，部分地区还结合当地实际情况出台了一些特色政策措施来支持农村金融发展，如广西财政通过推动农业保险提质增效、支持涉农主体融资、支持农村金融系统建设等"三举措"推进农村金融改革，助力乡村振兴。

参考案例

农业农村部发布了《2023年度金融支农十大创新模式与十大典型案例》，其中创新模式一：中国农业银行"线上+线下"精准服务农机装备全产业链模式，主要做法如下。

（一）瞄准行业需求，加大产品创新和服务力度

一是定制全产业链金融服务方案。2023年4月，在农业农村部、中国农村技术开发中心的指导帮助下，中国农业银行出台国内首个专为农机产业链提供服务的金融方案——《中国农业银行"农机贷"金融服务实施方案》（以下简称《方案》），为加大对

农机产业链和农机产业集群的金融支持力度，不断扩大在农机领域金融服务覆盖面，探索打造"农机贷"业务品牌，提供了具体实践指引。《方案》出台实施次月即在山东落地，现已在全国范围内探索推广。截至 2023 年末，农业银行农机贷款余额较年初增长 21%，较 2022 年初增长 53%。二是创新产品和服务模式。"农机贷"针对农机装备产、供、销、用各环节金融需求，围绕农机装备全产业链，以链主企业为核心延伸至上、下游，为产业链上各类客群提供"线上+线下"一揽子金融服务，打造智能化、数字化的金融服务手段，形成了"链式"金融服务模式。例如，山东分行根据五征集团的经营特点和资金需求，为企业提供"农机装备'双向赋能'全产业链金融服务场景"，通过链主企业的信用赋能和数据赋能，为其上游供应商和下游经销商发放线上贷款，通过"线上触达+线下深耕"，有效缓解了企业上、下游资金周转难题，每年帮助客户节约各项成本上百万元。三是提升科技金融服务效能。创新推出"智慧农服""智慧合作社"等金融场景，利用北斗、大数据等科技手段，为农服主体提供"共享农机"等数字化服务。

（二）践行"金融为民"理念，做好农机装备产业全链条金融服务

充分发挥中国农业银行城乡联动、公私联动的综合服务优势，针对产业链条上的 4 类客群匹配支持政策，加大资源倾斜。一是优先满足农机大户资金需求。推广"惠农 e 贷"，创新"惠农网贷"，优化农机购置贷款政策，提高农机抵押率及贷款额度，实现农机购置贷款额度可达购置农机成交价格的 70%。同时，支持多元化担保方式，对纳入中央财政补贴名录的农机具，最高抵押率提高至 50%，切实普惠于民。二是支持农机装备制造企业做"链主"。优化信贷准入条件，为农机制造企业提供存、贷、债、基、投、顾等综合金融服务。例如，新疆分行以知识产权、商标权为质押，为农机制造企业发放贷款 1.5 亿元，并以"企业+购机户"模式创新开展"农机购置 e 贷"业务，利用链主企业信用，累计为 170 户农机户发放 2.2 亿元贷款用于购买采棉机。三是创新服务农机流通应用。新疆分行与农机流通企业签署了"农机贷款"战略合作协议，对企业推荐的购机户提供"农机 e 贷"全面服务，并定制了 1～5 年期优质低息的融资政策，大大降低了各方的融资成本。四是精准服务关键农机装备研发推广。对列入"十四五"国家重点研发计划智能农机装备重点专项的项目，实施差异化授权，针对性推出了"科技 e 贷""专精特新小巨人贷""火炬创新积分贷"等金融服务，助力了农机装备科技成果转化和产业化。

（三）加强外部合作，发挥综合经营优势和多方支农合力

中国农业银行主动拜访农业农村部、科技部、中国农业机械工业协会、中国农业大学和院士团队，携手各方推广"农机贷"。积极参加农业农村部主办的"智慧农业助力农业农村服务业发展"论坛、中国农业机械流通协会会议等活动。作为银行业唯一

参展单位,亮相 2023 年中国国际农业机械展览会。作为重要合作伙伴参与国机集团"高端农业机械现代产业链共链行动"。

（四）强化保障措施,全方位提升金融服务质效

中国农业银行通过组织专项活动、倾斜资源、出台政策、强化激励等举措,多措并举推动金融服务农机装备落地见实效。一是组织开展大走访活动。对 25 个农机产业集群等"必走必访"客群,开展逐一对接,推动精准服务。二是倾斜配置业务资源。将农机装备重点项目纳入信贷资源战略配置范围,在信贷规模上优先保障,在信贷需求上优先满足。三是制定出台差异化支持政策。首次把农机行业列为农业银行"重点支持类"行业。

实践要点

农村金融的未来发展趋势主要体现在助力新型城镇化与农业发展、多层次金融服务保障农产品供给以及"银政互动"成为重要支撑力等方向。具体来说有以下 3 个方面。

助力新型城镇化与农业发展：农村金融将聚焦于县域地区城乡统筹发展的需求,支持农业稳定发展和农民增收,推动普惠金融高效落地。

多层次金融服务保障农产品供给：随着农业现代化进程加快,农村金融需充分发挥政策性金融的保障作用,支持农业生产基础性条件的优化。

"银政互动"成为重要支撑力：在党建引领下,依靠政府加强合作,实现产品创新、服务下沉,助力乡村振兴。

拓展阅读

"千万工程"经验加强金融支持乡村全面振兴专项行动措施分点归纳

实用文书

民间贷款合同

借条

任务二　农村金融的法律问题与风险点

📥 任务导入 ▶

农村贷款作为支持农业生产、农村经济发展及农民增收的重要手段，对于推动乡村振兴具有重要意义。然而，在实践中也会面临一系列法律问题，这些问题不仅影响了金融机构的运营安全，也制约了农村经济的健康发展。

📑 知识链接 ▶

一、农村金融的法律框架

（一）国家法律

《中华人民共和国中国人民银行法》明确了中国人民银行的职责，包括制定和执行货币政策、维护金融稳定等，对农村金融机构的监管和农村金融市场的稳定有重要意义。

《中华人民共和国商业银行法》规范商业银行的设立、运营和监管，许多商业银行在农村地区设有分支机构，为农村提供金融服务。

《中华人民共和国银行业监督管理法》强调应加强对银行业金融机构的监督管理，保障农村金融机构的稳健运行和农村金融消费者的合法权益。

（二）行政法规及部门规章

《农村信用社省（自治区、直辖市）联合社管理暂行规定》对农村信用社的组织形式、股权设置、业务范围、风险管理等方面进行了规范，是农村信用社开展业务的重要依据。

《贷款通则》规范贷款行为，保护借贷双方的合法权益，适用于农村金融机构发放的各类贷款。

《农户贷款管理办法》专门针对农户贷款制定的管理办法，明确了农户贷款的对象、条件、用途、期限、利率等，为农村金融机构发放农户贷款提供了具体指导。

《中国银保监会农村中小银行机构行政许可事项实施办法》规定了农村中小金融机构的设立、变更、终止等行政许可事项的条件和程序，促进农村中小金融机构的规范发展。

(三)政策性文件

《关于金融服务乡村振兴的指导意见》明确了金融服务乡村振兴的目标和任务,提出了加大金融资源向乡村振兴重点领域和薄弱环节倾斜的政策措施。

《中国人民银行 中国银行业监督管理委员会关于加快推进农村金融产品和服务方式创新的意见》鼓励农村金融机构创新金融产品和服务方式,满足农村多元化的金融需求。

这些法律法规和政策文件共同构成了农村金融的法律框架,为农村金融的健康发展提供了有力的保障。

二、农村金融存在的法律风险

随着农业现代化与金融创新的深度融合,农村金融作为支持农村经济发展的重要力量,面临着日益复杂多变的法律风险挑战。这些风险不仅影响金融机构的稳健运营,也直接关系到农业产业的可持续发展。以下是对农业金融领域主要法律问题和法律风险的详细分析。

(一)当前农村金融中存在的法律问题

(1)法律主体与产权制度。农村合作金融组织的法律主体地位不明确,产权虚置,导致其在运营过程中面临法律风险和不确定性。

(2)治理结构。部分农村合作金融组织治理结构失效,内部管理机制不健全,影响了组织的稳定性和可持续发展。

(3)立法滞后。随着农村金融的快速发展,相关法律法规未能及时跟进和完善,导致部分金融活动缺乏明确的法律指导和规范。

(4)监管缺失。农村金融市场的监管体系尚不健全,存在监管空白和漏洞,增加了金融风险的发生概率。

(二)农村金融中存在的法律风险

1.知识产权侵权

在农业科技日益进步的背景下,新品种培育、农业技术发明及创新应用层出不穷,知识产权保护成为关键。农业金融企业在投资或支持农业科技项目时,若未充分核查相关知识产权状况,可能因侵犯他人专利权、商标权或著作权而面临高额赔偿及法律诉讼。此外,未经许可使用他人技术或成果,也会导致合作方关系紧张,损害企业声誉。

2.合同违约风险

农村金融活动涉及大量合同签订,包括贷款协议、担保合同、合作协议等。若合同条款设计不合理、表述模糊或双方对合同条款理解不一致，均可能引发合同纠纷。农户或农业企业因经营不善、自然灾害等原因无法按时履约，将直接威胁金融机构的资金安全。因此，合同违约风险是农业金融领域不可忽视的重要法律风险之一。

3. 环境法规违规

随着全球对环境保护意识的提升，各国政府不断加强环境法规的制定与执行。农业作为与环境密切相关的行业，其生产活动需严格遵守环保标准。农业金融在支持农业生产过程中，若项目涉及违规排污、破坏生态等行为，不仅可能遭受行政处罚，还可能面临公众舆论压力及品牌损失。

4. 劳动法合规风险

农村金融企业及其支持的农业企业，在雇佣劳动者时必须遵守国家劳动法律法规，包括但不限于工资支付、工时管理、劳动安全卫生、社会保险缴纳等方面。任何违反劳动法的行为都可能引发劳动争议，甚至面临劳动监察部门的处罚。特别是季节性用工较多的农业领域，更易出现劳动法合规问题。

5. 数据保护与隐私

在数字化时代，农村金融企业需收集、处理大量农户及农业企业的数据以支持风险评估、信贷管理等业务。然而，这些数据涉及个人隐私及商业秘密，若处理不当，极易引发数据泄露风险，侵犯客户权益，导致法律纠纷。因此，加强数据保护与隐私管理，遵守相关法律法规，成为农业金融企业必须重视的问题。

6. 外部法律环境变化

国际贸易政策、外汇管制、税收政策等外部法律环境的变化，也可能对农业金融产生深远影响。例如，国际贸易争端可能导致农产品出口受阻，影响农业企业的现金流和还款能力；外汇管制政策变化可能影响跨国农业金融业务的开展；税收政策调整则直接影响农业金融的成本结构。因此，企业需具备敏锐的洞察力和应变能力，及时调整业务策略以应对外部法律环境的变化。

三、农村贷款存在的法律问题

（一）法律制度不健全

目前，我国针对农村贷款的法律制度尚不完善，缺乏针对农村金融市场特殊性的专项立法。现有法律框架多为一般性规定，难以全面覆盖农村贷款业务中的复杂性和特殊性，导致在纠纷解决和权益保护方面存在法律空白。法律制度不健全增加了农村贷款业务的法律风险和不确定性，使得金融机构在提供贷款服务时面临诸多法律障碍，同时也影响了农民获得贷款的有效性和便捷性。

（二）合同条款违规

在农村贷款业务中，部分金融机构在合同条款的设置上存在明显的不合理与违法行为，诸如利率定立过高、费用收取标准模糊、违约责任严重不对等以及强制捆绑销售金融产品等不当行为，这些均对借款人的合法权益构成了实质性的侵害。违规的合同条款不仅损害了农民的利益，也影响了金融机构的信誉和声誉。长期来看，这将导致农民对金融机构的信任度降低，影响农村贷款市场的健康发展。

（三）告知义务不履行

金融机构在审批发放农村贷款的过程中，未能充分履行其告知义务。例如，在关键信息的披露方面存在不足，未明确、清晰地告知借款人关于贷款利率、还款方式以及违约责任等重要条款。这种状况导致借款人在缺乏充分知情或基于误解的情况下签署了贷款合同。

告知义务的不履行侵犯了借款人的知情权，使得借款人在贷款过程中处于弱势地位，增加了其违约风险。同时，这也为金融机构后续的风险管理和追偿工作埋下了隐患。

（四）违规操作现象

部分金融机构在处理农村贷款业务时，存在一些违规操作行为，诸如虚假宣传、违规收费以及违规发放贷款等，这些行为严重扰乱了农村金融市场的正常秩序。

违规操作不仅损害了金融机构自身的形象和信誉，也影响了农村贷款市场的公平竞争和健康发展。此外，违规操作还可能引发法律纠纷和监管处罚，对金融机构造成重大损失。

（五）贷款用途监管

在农村贷款业务中，用途监管的松懈颇为常见。不少借款人将贷款挪作非农业生产用途或涉足高风险投资，致使贷款难以如期回笼，加剧了金融机构的信贷风险。

贷款用途监管不严不仅影响了金融机构的资产质量和经营效益，也扰乱了农村金融市场秩序。此外，它还可能导致农业生产资金短缺，影响农村经济的稳定和发展。

（六）信用风险防控

农村贷款业务中的信用风险防控机制不健全，如信用评估体系不完善、信用信息共享不畅等，使得金融机构难以准确评估借款人的信用状况和风险水平。

信用风险防控机制的缺失增加了金融机构的信贷风险暴露程度，可能导致不良贷款率上升和信贷资产损失增加。同时，也限制了金融机构对农村贷款业务的拓展和深化。

（七）担保物权问题

在农村贷款业务中，担保物权问题也是常见的法律纠纷点。部分贷款业务存在担保物评估不准确、担保物权设立不合法、担保物处置困难等问题，影响了金融机构的债权实现和资产安全。

担保物权问题不仅增加了金融机构的追偿难度和成本，也影响了其资产处置的效率和效果。此外，还可能导致金融机构对农村贷款业务的风险偏好降低，进一步限制农村经济的发展。

参考案例

农村金融纠纷与风险案例

拓展阅读

用农村承包权和土地经营权抵押贷款

实用文书

抵押合同（示范文本）

任务三 农业金融的法律风险防范

任务导入

在任务二中列举了一些农业金融的法律风险,为了防范风险,需要提前了解相应的应对策略。

知识链接

一、农村金融法律风险防范要点

(一)完善农村金融监管体系

(1)明确监管职责:清晰界定各监管部门在农村金融领域的具体职责,避免出现因职责不清导致的监管空白或重叠。比如,明确银保监部门对农村银行类机构的监管责任,地方金融监管局对小额贷款公司、融资担保公司等地方金融组织的监管责任等。

(2)加强协同监管:建立健全跨部门的协同监管机制,加强金融、工商、税务、公安等部门之间的信息共享与协作。例如,在打击非法集资、非法放贷等违法活动时,各部门能够迅速联动,提高执法效率。

(3)建立动态监管机制:根据农村金融市场的变化和发展,持续完善监管制度和政策,及时将新出现的金融业务模式和产品纳入监管范围,确保监管的及时性和有效性。

(二)强化金融机构内部管理

(1)完善内部控制制度:农村金融机构应建立健全涵盖业务流程、风险管理、合规操作等各方面的内部控制制度,规范业务操作流程,降低内部操作风险。例如,在贷款审批环节,明确审批标准和流程,防止违规放贷。

(2)加强员工培训与管理:提高员工的法律意识和业务水平,使其熟悉相关法律法规和业务操作规范。同时,建立有效的员工考核和监督机制,对违规行为进行严肃处理。

(3)提升风险管理能力:运用先进的风险管理技术和工具,对信用风险、市场风险、操作风险等进行科学评估和有效防控。比如,通过建立风险评估模型,合理确定贷款额度和利率,降低信用风险。

(三) 提高农村金融服务对象的法律意识

(1) 加强普法宣传教育：通过多种渠道和方式，向农村居民普及金融法律知识，提高其对金融产品和服务的认识以及风险防范意识。例如，组织开展金融知识下乡活动，利用广播、电视、网络等媒体进行宣传。

(2) 增强风险识别能力：教会农村金融消费者识别非法集资、诈骗、非法借贷等违法金融活动的常见手段和特征，引导其理性选择金融产品和服务，避免因贪图高收益而陷入金融陷阱。比如，告知消费者在遇到高息回报的投资项目时要保持警惕，谨慎核实相关信息。

(四) 规范农村金融市场秩序

(1) 打击非法金融活动：加大对农村地区非法集资、非法放贷、金融诈骗等违法犯罪行为的打击力度，依法取缔非法金融机构和业务，维护农村金融市场的正常秩序。例如，公安机关对涉嫌非法集资的案件及时立案侦查，追究相关人员的法律责任。

(2) 加强对金融机构的合规监管：督促农村金融机构严格遵守法律法规，不得从事违规经营活动。对存在违规行为的金融机构，依法予以处罚并责令整改。

(五) 优化农村金融法治环境

(1) 完善农村金融法律法规：结合农村金融发展的实际情况，及时修订和完善相关法律法规，使其更具针对性和可操作性，为农村金融发展提供坚实的法律保障。

(2) 加强法律执行力度：确保农村金融相关法律法规得到严格执行，司法部门对农村金融纠纷案件及时受理、公正审判，维护当事人的合法权益。例如，法院在审理农村金融案件时，严格依据法律规定做出判决，保护金融消费者和金融机构的合法权益。

二、农村贷款法律风险应对

农村贷款法律风险可以从以下几个方面进行应对。

(一) 严格贷款审批流程

全面调查借款人情况：在发放贷款前，对借款人的信用状况、还款能力、贷款用途等进行全面深入的调查。例如，查看借款人的信用记录，了解其是否有不良信用历史；实地考察借款人的生产经营场所，评估其经营状况和盈利能力；与借款人的邻里、合作伙伴等进行交流，侧面了解其为人和信誉。

规范审批程序和标准：建立明确的贷款审批程序和标准，确保每一个环节都有章可循。比如，明确规定不同额度贷款的审批权限，超过一定额度的贷款须经过高级管理层或专门的审批委员会审批;制定详细的信用评估指标体系,综合考虑借款人的资产负债情况、收入稳定性、担保情况等因素。

加强风险评估和预警:运用专业的风险评估工具和方法,对贷款风险进行量化评估。同时,建立风险预警机制,及时发现潜在的风险因素并采取相应措施。例如,通过监测借款人的财务指标变化、经营状况波动等,提前预判可能出现的还款风险,并采取增加担保、提前催收等措施。

(二)完善担保措施

多种担保方式结合:鼓励借款人提供多种形式的担保,降低贷款风险。例如,除了传统的不动产抵押外,可以接受动产质押、应收账款质押、保证担保等。对于农业生产经营贷款,可以探索将农产品存货、农业机械设备等作为抵押物,或者由专业担保机构、农业产业化龙头企业提供保证担保。

规范担保手续:确保担保手续的合法性和有效性。在办理抵押担保时,严格按照法律规定办理抵押物登记手续,明确抵押物的范围、价值和担保期限等。对于保证担保,要对保证人的资格和信用状况进行严格审查,签订规范的保证合同,明确保证责任的范围和期限。

加强担保物管理:对担保物进行定期检查和评估,确保担保物的价值稳定。如果发现担保物价值下降或存在风险隐患,及时要求借款人增加担保或采取其他风险防范措施。例如,对于抵押的不动产,要关注其市场价值变化和是否存在产权纠纷;对于质押的动产,要做好保管和监管工作,防止质押物损坏或丢失。

(三)加强合同管理

制定规范的贷款合同:贷款合同应明确双方的权利义务、贷款金额、利率、还款方式、违约责任等重要条款。合同条款要具体、明确,避免模糊不清或产生歧义。例如,在还款方式条款中,明确约定还款时间、还款金额、还款方式(如等额本息、等额本金、到期一次性还本付息等),以及逾期还款的罚息计算方式。

确保合同签订的合法性:在签订贷款合同时,要确保借款人的主体资格合法,合同签订过程符合法律规定。例如,借款人必须是具有完全民事行为能力的自然人或合法注册的企业法人;合同签订必须是双方真实意思的表示,不得存在欺诈、胁迫等情形。同时,要求借款人当面签字或盖章,并留存相关的身份证明文件和授权委托书等。

履行合同告知义务:贷款机构应向借款人充分告知合同条款的内容和含义,特别是涉及借款人重大利益的条款,如违约责任、提前还款的条件和费用等。可以通过书面告知、口头解释等方式,确保借款人完全理解合同内容。在告知过程中,要做好记录并存档,以备日后查询。

三、借款人贷款风险防范

(一)增强法律意识

学习金融法律法规:借款人应主动学习和了解与贷款相关的金融法律法规,如《民法典》《贷款通则》等。通过学习,了解自己在贷款过程中的权利和义务,避免因不懂法而陷入法律风险。例如,可以参加当地政府或金融机构组织的金融知识培训讲座,或者通过阅读相关的法律书籍、文章等方式提高自己的法律素养。

谨慎签订贷款合同:在签订贷款合同前,借款人要认真阅读合同条款,对不理解的内容及时向贷款机构咨询。不要盲目签订合同,避免因合同条款不合理或不明确而导致自己承担不必要的法律责任。同时,要注意保留合同副本和相关的凭证资料,以便在发生纠纷时能够维护自己的合法权益。

按时履行还款义务:借款人要认识到按时还款是自己的法律义务,严格按照合同约定的时间和金额还款。如果因特殊情况无法按时还款,应及时与贷款机构沟通协商,寻求解决方案。避免逾期还款,以免产生罚息、影响个人信用记录,甚至引发法律诉讼。

(二)合理选择贷款用途

确保贷款用于合法经营和生产:借款人在申请贷款时,应明确贷款用途,并确保贷款用于合法的经营活动或生产项目。不得将贷款用于非法活动,如赌博、贩毒等。贷款机构在审批贷款时,也会对贷款用途进行严格审查,确保贷款资金的安全。例如,如果是农业生产贷款,借款人应将贷款用于购买种子、化肥、农药、农业机械等生产资料,或者用于扩大生产规模、改善农业基础设施等方面。

根据实际需求选择贷款额度和期限:借款人应根据自己的实际资金需求和还款能力,合理选择贷款额度和期限。不要盲目追求高额度贷款,以免还款压力过大导致无法按时还款。同时,要考虑贷款期限与自己的生产经营周期或项目建设周期相匹配,避免贷款期限过短或过长带来的风险。例如,如果是短期的流动资金贷款,应选择较短的贷款期限,以降低利息成本;如果是长期的固定资产投资贷款,应选择较长的贷款期限,以减轻还款压力。

(三)积极配合贷款机构监管

提供真实的财务信息:借款人应按照贷款机构的要求,定期提供真实、准确的财务报表和经营情况报告。不得隐瞒或虚报财务信息,以免影响贷款机构对自己的信用评估和风险判断。例如,每月或每季度向贷款机构报送财务报表,包括资产负债表、利润表、现金流量表等,让贷款机构及时了解自己的经营状况和财务状况。

接受贷款机构的监督检查：借款人应允许贷款机构对自己的生产经营场所、贷款资金使用情况等进行监督检查。积极配合贷款机构的检查工作，提供必要的协助和支持。如果发现贷款资金被挪用或存在其他风险隐患，应及时整改并向贷款机构报告。例如，当贷款机构进行现场检查时，借款人应安排专人陪同，解答检查人员的疑问，提供相关的文件资料和证明材料。

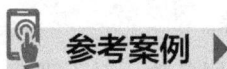

防范非法集资，规范贷款业务，打击金融诈骗

农村贷款借新还旧注意事项

实用文书

民事答辩状（金融借款合同纠纷）

附录 乡村振兴常用法律集锦

《中华人民共和国乡村振兴促进法》

《农村集体经济组织法》

《中华人民共和国农村土地承包法》

《农村土地承包合同管理办法》